W9-BDH-409

ESTUDIO INTERNACIONAL SAMPERE
Castelló, 50
Teléf. 275 40 25
MADRID - 1

ATLAS de HISTORIA de ESPAÑA

J. Vicens Vives

EDITORIAL TEIDE • BARCELONA

El punto de partida del presente ATLAS han sido las tres ediciones que en 1944, 1946 y 1949 se hicieron del ATLAS Y SÍNTESIS DE HISTORIA DE ESPAÑA, del mismo autor. El éxito alcanzado por esa obra y el deseo de superación y justa correspondencia al público culto que la utilizaba, determinaron a EDITORIAL TEIDE a reelaborarla totalmente, publicándola a todo color. El profesor J. Vicens Vives ha proyectado la nueva obra, corrigiendo el material antiguo, adaptándolo a los nuevos fines y diseñando la docena de mapas inéditos que completan el presente y espléndido panorama gráfico de la evolución territorial de los pueblos de España y América. En el ámbito de la Prehistoria, ha sido auxiliado por el profesor don Eduardo Ripoll Perelló, quien ha preparado los mapas VIII a XVI.

Colaboraron con el autor los dibujantes y cartógrafos J. Brun Margalef y R. Rodríguez Arroyo.

Primera edición (a una tinta, con el título
"Atlas y síntesis de historia de España"): 1944
Segunda edición, corregida: 1946
Tercera edición, corregida: 1949
Cuarta edición, renovada (1.ª en color,
con el título "Atlas de Historia de España"): 1953
Quinta edición, corregida: 1956
Sexta edición, corregida (nueva presentación): 1965
Séptima edición, corregida: 1970
Octava edición: 1973
Novena edición: 1977
Décima edición: 1978

Cartografía: José Brun Margalef

© J.Vicens Vives, J. Brun Margalef y Editorial Teide, S.A.
Viladomat, 291 - Barcelona-15
Printed in Spain

ISBN: 84 - 307 - 7002-X
Núm. reg.: B. 587 - 1965

Dep. Legal B. 37.343-1978
Impreso por Edigraf - Tamarit, 132 - Barcelona-15

I. EL MARCO GEOGRÁFICO

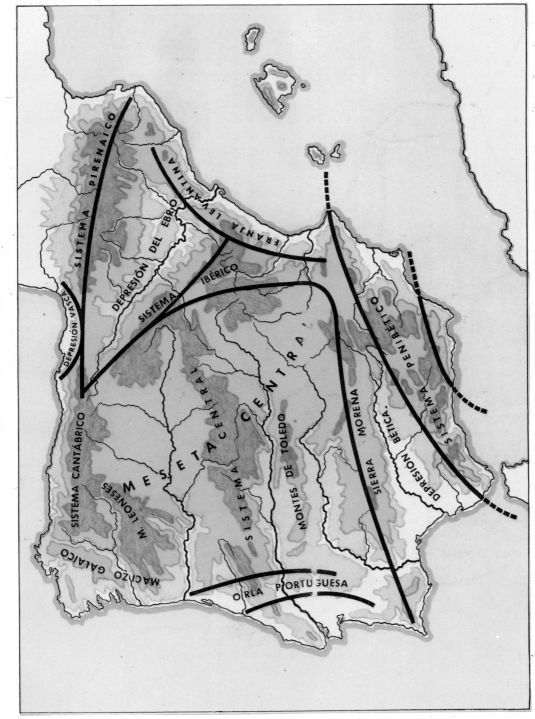

MACIZO GALAICO

SISTEMA CANTÁBRICO

DEPRESIÓN VASCA

SISTEMA PIRENAICO

DEPRESIÓN DEL EBRO

FRANJA LEVANTINA

SISTEMA IBÉRICO

M. LEONESES

M E S E T A   C E N T R A L

SISTEMA CENTRAL

MONTES DE TOLEDO

SIERRA MORENA

DEPRESIÓN BÉTICA.

SISTEMA PENIBÉTICO

ORLA PORTUGUESA

II. LAS RUTAS NATURALES

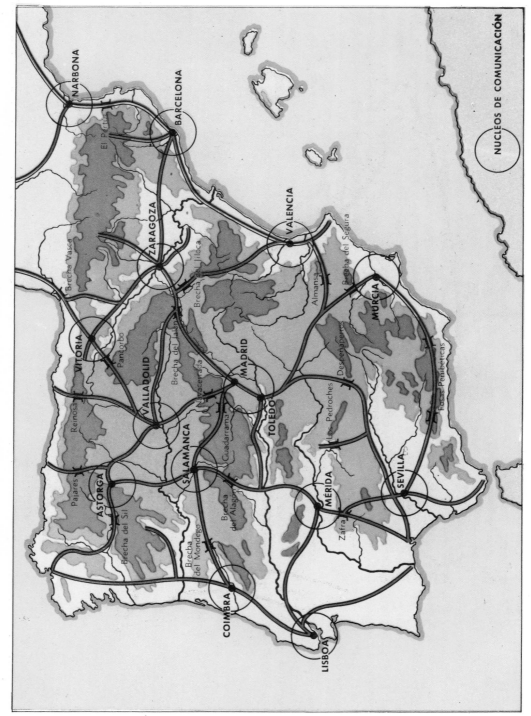

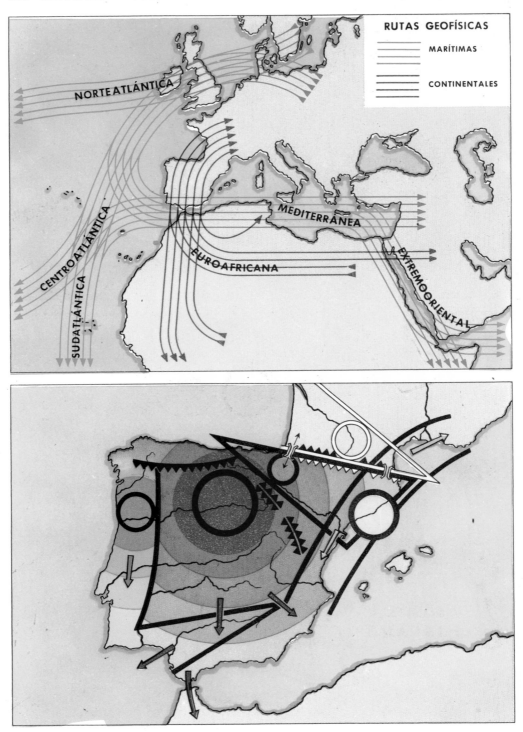

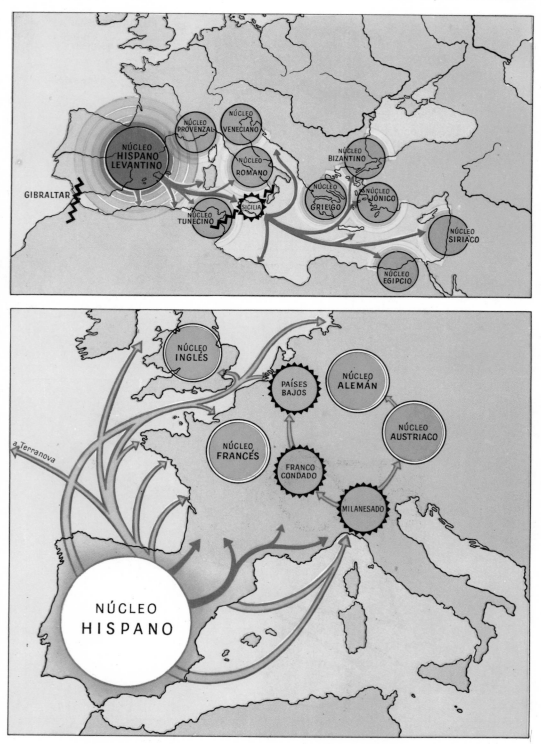

VII. EXPANSIÓN ATLÁNTICA

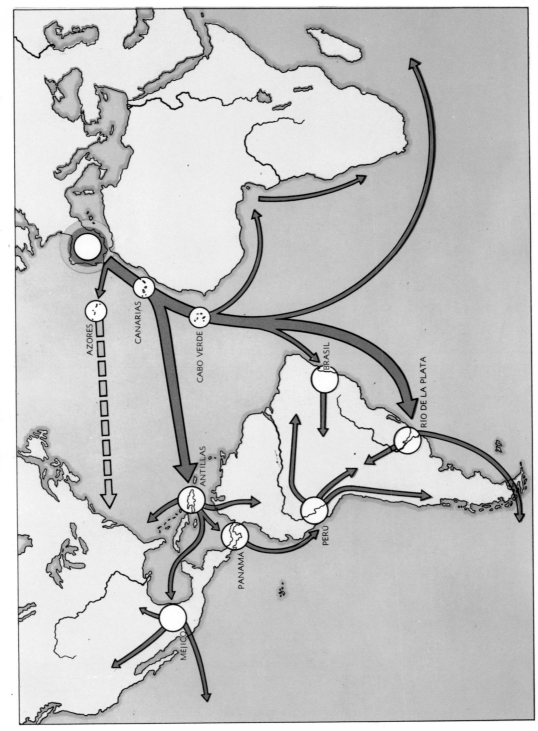

AZORES

CANARIAS

CABO VERDE

BRASIL

RÍO DE LA PLATA

ANTILLAS

PERÚ

PANAMÁ

MÉJICO

Signos del mapa VIII: 1. Estaciones del Paleolítico Inferior y Medio. — 2. Hallazgos de restos humanos. — 3. Regiones de altura superior a 1 500 metros, ocupadas por las nieves perpetuas durante las glaciaciones. — Signos del mapa IX: 1. Yacimientos del Paleolítico Superior. — 2. Arte francocantábrico. — 3. Expansión máxima del reno y el mamut. — 4. Caminos de expansión del arte. — 5. Posibles orígenes del Solutrense.

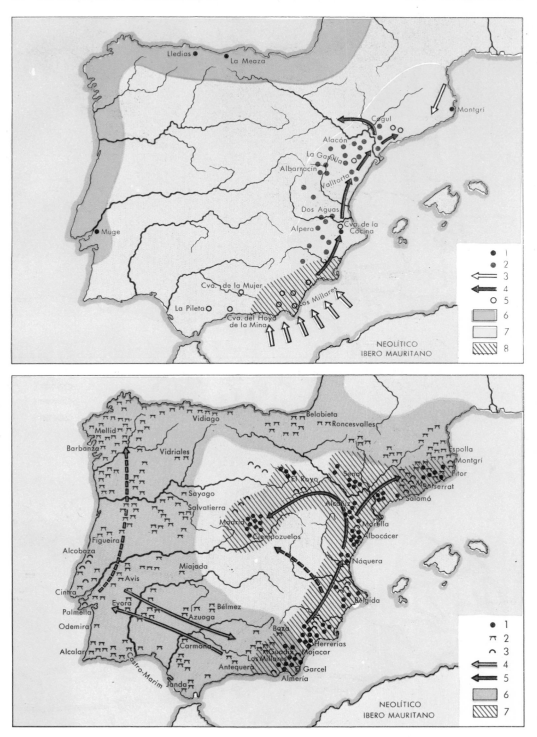

Signos del mapa X: 1. Yacimientos mesolíticos. — **2.** Estaciones de arte levantino. — **3.** Caminos de llegada de los protoneolíticos. — **4.** Expansión almeriense. — **5.** Estaciones protoneolíticas. — **6.** Azilienses, asturienses y otros epipaleolíticos. — **7.** Epigravetienses levantinos. — **8.** Cultura de Almería. — **Signos del mapa XI: 1.** Poblados. — **2.** Megalitos. — **3.** Cuevas. — **4.** Expansión de la técnica megalítica. — **5.** Expansión de la cultura almeriense. — **6.** Zona megalítica. — **7.** Cultura de Almería.

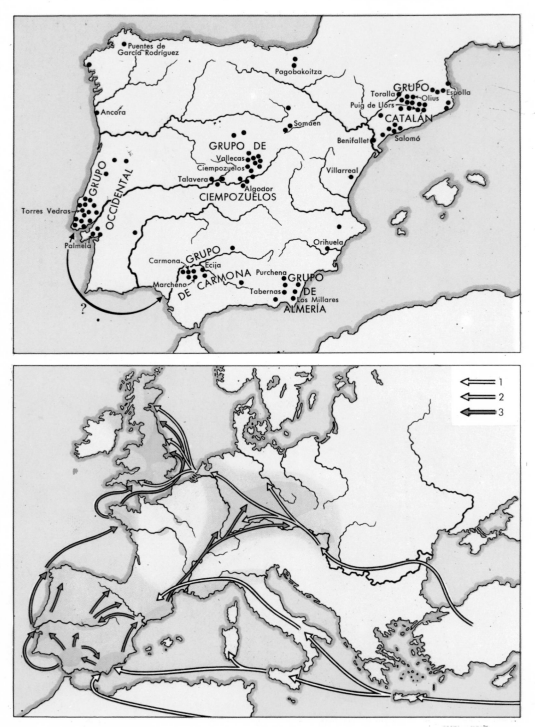

Signos: 1. Expansión del Neolítico mediterráneo. — 2. Expansión del Neolítico continental. — 3. Expansión del vaso campaniforme.

XIII. LA PENÍNSULA EN LA EDAD DEL BRONCE

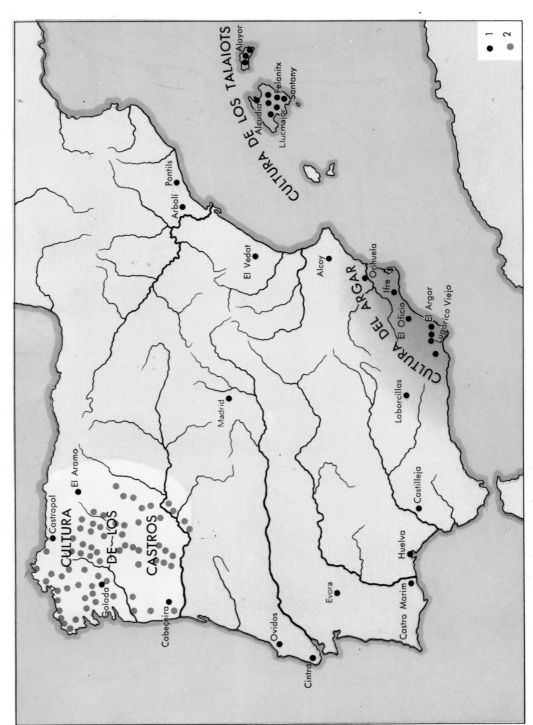

CULTURA DE LOS TALAIOTS

Alayor

Felanitx
Santany
Alcudia
Llucmajor

Pontils
Arbolí

El Vedat

Alcoy

CULTURA DEL ARGAR

Orihuela
Ifre
El Oficio
El Argar
Lugárico Viejo

Laborcillas

Madrid

Castilleja

Castropol
El Aramo

CULTURA DE LOS CASTROS

Golada
Cabeçeira

Ovidos

Evora

Huelva

Castro Marim

Cintra

1
2

Signos: 1. Estaciones de la Edad del Bronce. — 2. Castros galaicos.

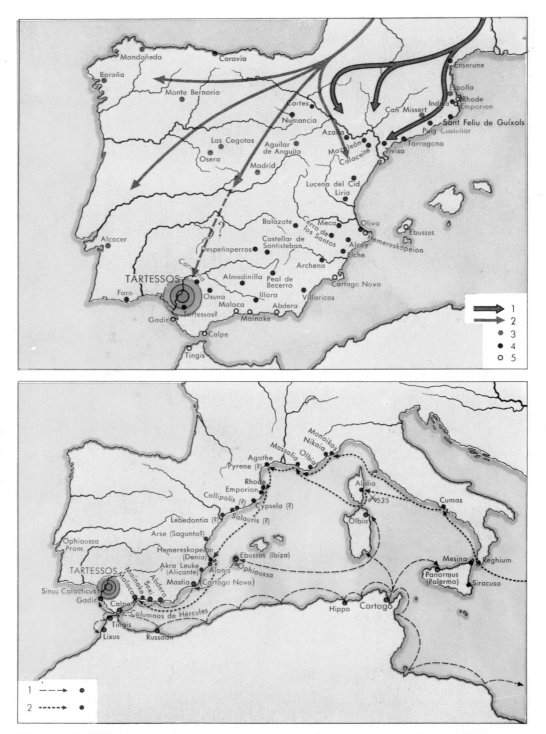

Signos del mapa XIV: 1. Primeras invasiones célticas. — 2. Gran oleada celta del siglo **VI.** — 3. Poblados celtas. — 4. Poblados ibéricos. — 5. Lugares de colonización fenicia o helénica. — **Signos del mapa XV:** 1. Colonias y rutas púnicas. — 2. Colonias y rutas griegas.

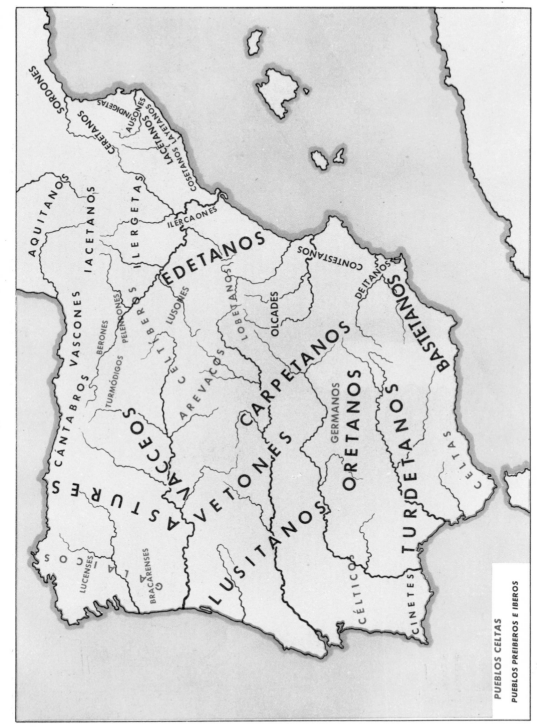

SORDONES

CERETANOS

AUSONES

INDIGETAS

LACETANOS

LAYETANOS

COSETANOS

AQUITANOS

IACETANOS

ILERGETES

ILERCAONES

EDETANOS

CONTESTANOS

VASCONES

BERONES

PELENDONES

LUSONES

LOBETANOS

OLCADES

DEITANOS

CÁNTABROS

TURMÓDIGOS

CELTÍBEROS

AREVACOS

CARPETANOS

BASTETANOS

ASTURES

VACCEOS

VETONES

ORETANOS

GERMANOS

TURDETANOS

CELTAS

LUCENSES

LACICOS

BRACARENSES

LUSITANOS

CÉLTICOS

CINETES

PUEBLOS CELTAS

PUEBLOS PREIBEROS E IBEROS

XVII. CARTAGO EN ESPAÑA Y LA SEGUNDA GUERRA PÚNICA

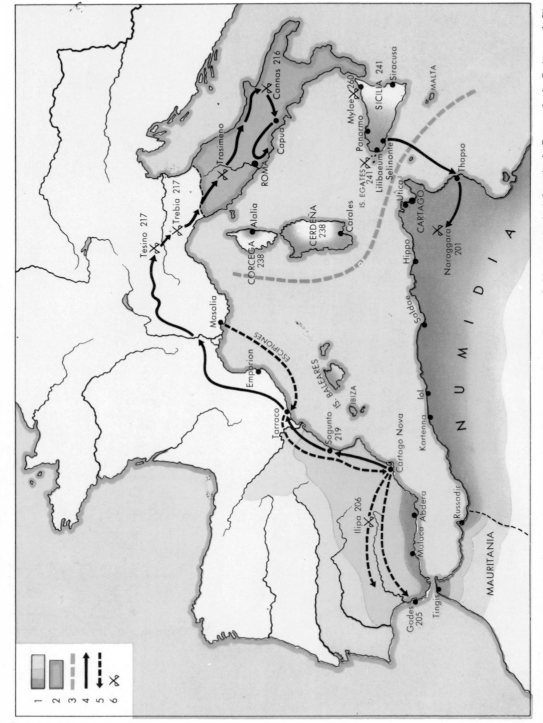

Signos: 1. Expansión sucesiva de Cartago. — 2. Unificación de la Italia peninsular por Roma. — 3. Límites entre la influencia de Roma y la de Cartago. — 4. Itinerario de Aníbal. — 5. Contraofensiva romana. — 6. Batallas de la Segunda Guerra Púnica.

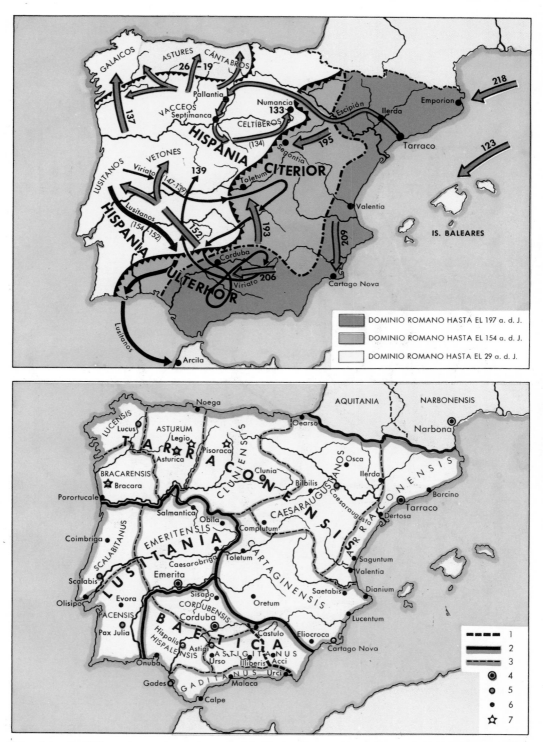

Signos del mapa XIX: 1. Límites entre la Citerior y la Ulterior. — 2. Límites de la división de Augusto. — 3. Límites de los conventos jurídicos. — 4. Capitales de provincia. — 5. Capitales de conventos jurídicos. — 6. Ciudades importantes. — 7. Campos legionarios.

XX. HISPANIA EN EL BAJO IMPERIO

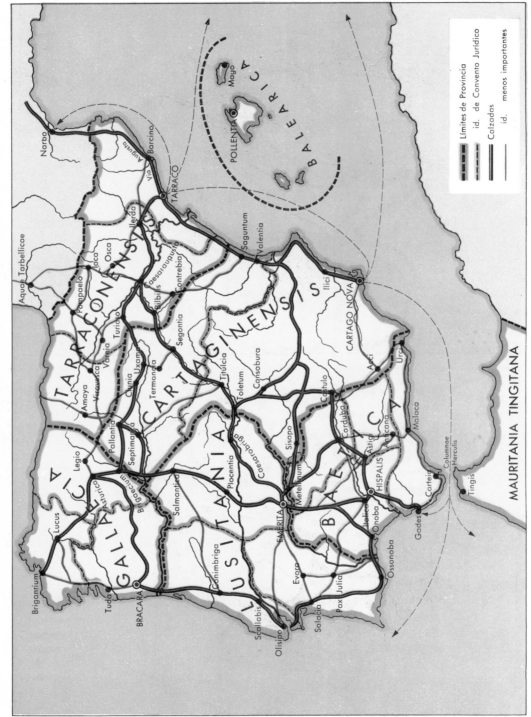

XXI. EVANGELIZACIÓN DE LA PENÍNSULA

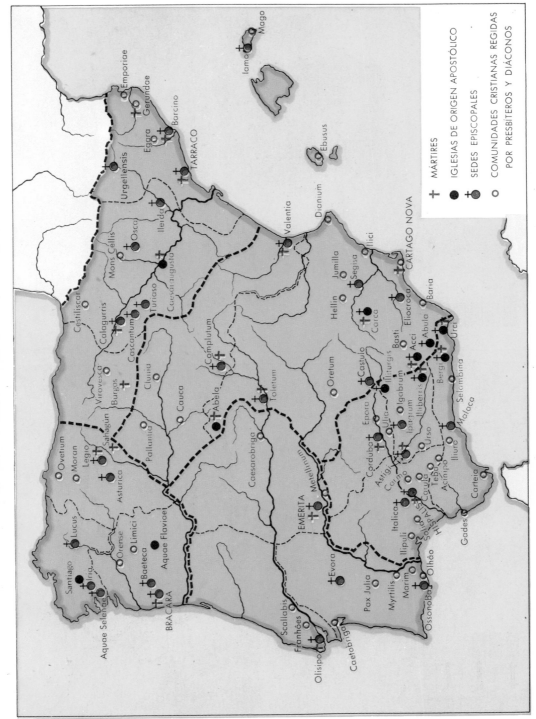

MÁRTIRES

IGLESIAS DE ORIGEN APOSTÓLICO

SEDES EPISCOPALES

COMUNIDADES CRISTIANAS REGIDAS
POR PRESBÍTEROS Y DIÁCONOS

Iamo

Mago

Emporiae

Gerundae

Eggra

Barcino

Urgellensis

TARRACO

Osca

Ilerda

Mons Cellis

Ebusus

Valentia

Dianium

Turiaso

Caesaraugusto

Gestiliscar

Calagurris

Cascantum

Hellin

Jumilla

Segisa

Ilici

CARTAGO NOVA

Clunia

Complutum

Oretum

Corca

Eliocroca

Baria

Virovesca

Burgos

Cauca

Abela

Castulo

Basti

Acci

Abula

Urci

Legio

Sahagún

Pallantia

Toletum

Epora

Ilugo

Igabrum

Ulia

Iliberris

Bergi

Selambina

Ovetum

Moran

Caesarobriga

Castulo

Astigi

Urso

Malaca

Lucus

Asturica

Metellinum

Corduba

Carmo

Illuro

Carteia

Orense

Limici

Cauca

EMERITA

Italica

HISPALIS

Acinipo

Gades

Iria

Aquae Flaviae

Evora

Pax Julia

Illipuli

Solia

Tebo

Ossonoba

Olhâo

Santiago

Baeteca

BRACARA

Scallabis

Franhôes

Myrtilis

Marim

Aquae Selence

Olisipo

Caetobriga

Ossonoba

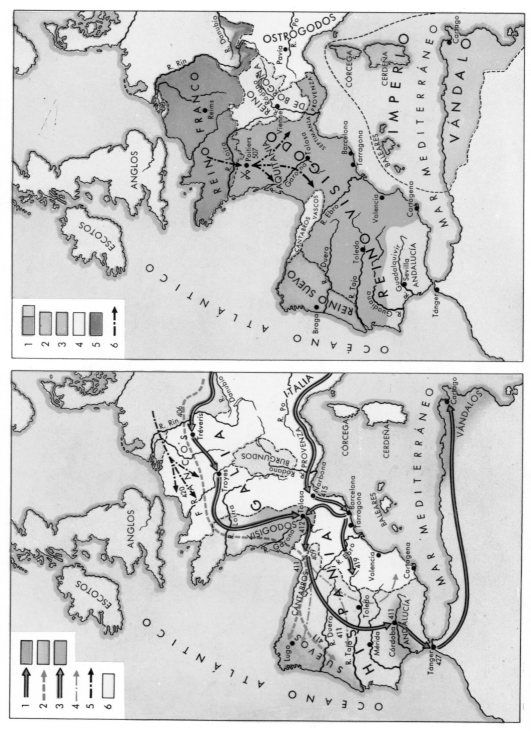

XXII. INVASIONES GERMÁNICAS

XXIII. EL IMPERIO DE EURICO

Signos del mapa XXII: 1. Itinerario y territorios ocupados por los vándalos. — 2. Íd. por los suevos. — 3. Íd. por los visigodos. — 4. Movimientos de los alanos. — 5. Íd. de los francos. — **Signos del mapa XXIII:** 1. Reino de Eurico. — 2. Vándalos. — 3. Suevos. — 4. Ostrogodos. — 5. Francos. — 6. Despliegue del reino franco después de la batalla de Poitiers-Vouglé.

XXIV. EL REINO VISIGODO HISPANO

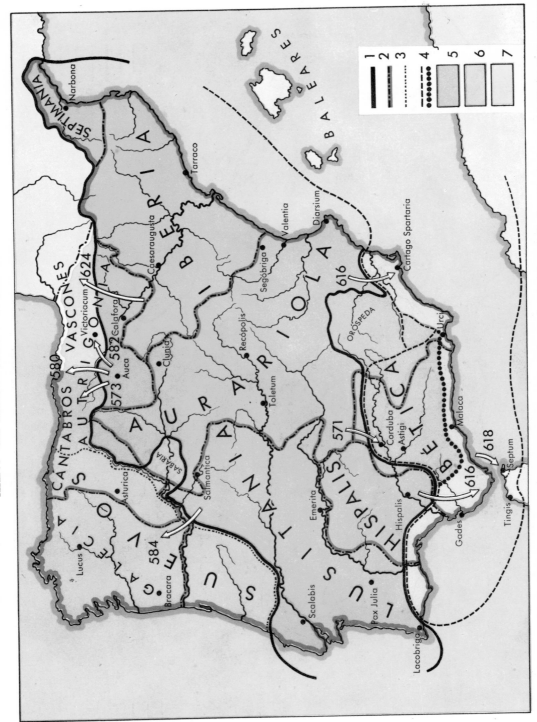

Signos: 1. Límites de los territorios de Leovigildo al principio de su reinado. — 2. Límites provinciales. — 3. Límites del reino suevo. — 4. Límites de las posesiones bizantinas. — 5. Territorios conquistados por Leovigildo al principio de su reinado. — 6. Territorios conquistados por Leovigildo. — 7. Últimos territorios conquistados por los visigodos.

XXV. LA CONQUISTA MUSULMANA

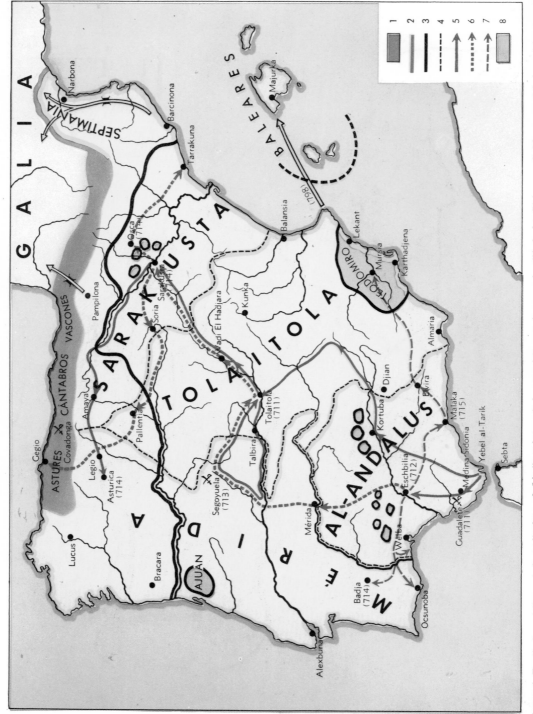

Signos: 1. Territorios cristianos independientes. — 2. Límite máximo de la conquista musulmana más allá de los Pirineos. — 3. Línea esencial de resistencia cristiana. — 4. Límites de las provincias musulmanas según la primera organización. — 5. Ruta de la campaña de Tarik. — 6. Ruta de la campaña de Muza. — 7. Ruta de la campaña de Abdelaziz. — 8. Núcleos cristianos autónomos.

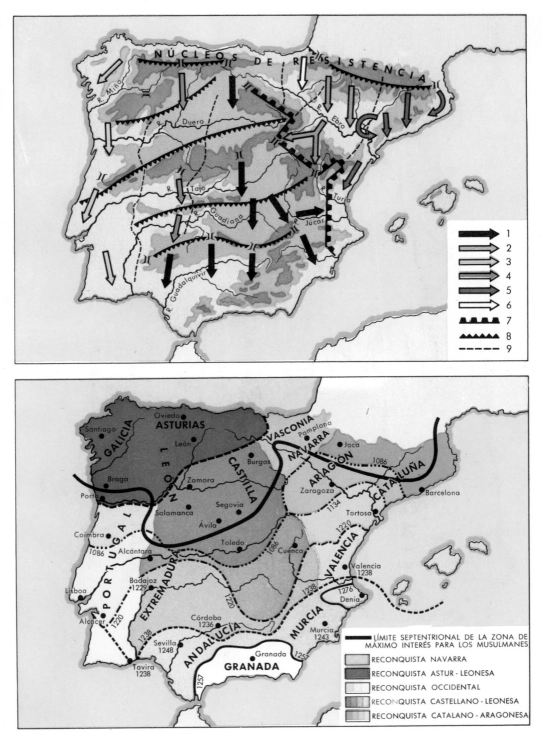

XXVIII. EL EMIRATO INDEPENDIENTE Y EL REINO DE LEÓN

Signos: 1. Frontera entre la Cristiandad y el Islam en tiempo de Alfonso III. — 2. Territorio de Portugal conquistado por Alfonso III y luego perdido. — 3. Límites de las provincias musulmanas en los primeros tiempos del Califato. — 4. Territorios autónomos dentro del Emirato.

XXIX. EL CALIFATO DE CÓRDOBA

Santiago
997
GALICIA

Oviedo
ASTURIAS

León
988

Sahagún
LEÓN

CASTILLA

Simancas

Burgos
934

NAVARRA
Pamplona
924

Jaca

CONDADOS
CATALANES

FRONTERA
SUPERIOR

Zaragoza

985

Barcelona

Oporto
FRONTERA INFERIOR

Zamora

939

Salamanca

989
Osma

FRONTERA MEDIA

Medinaceli

Albarracín

Tórtosa

Toledo

Valencia

Denia

Palma

Badajoz

CÓRDOBA

Lisboa

AL-ANDALUS

Sevilla

Granada

Murcia

Málaga

Almería

Argel

Algeciras

Tánger
Ceuta

Orán

ZONA DE INFLUENCIA OMEYA

Fez
917

Tremecen

M O G R E B

Seyelmesa

TERRITORIO CALIFAL

TERRITORIO CRISTIANO

EXPEDICIONES DE ABDERRAMÁN III

EXPEDICIONES DE ALMANZOR

XXX. DISGREGACIÓN DEL CALIFATO. NAVARRA Y CASTILLA

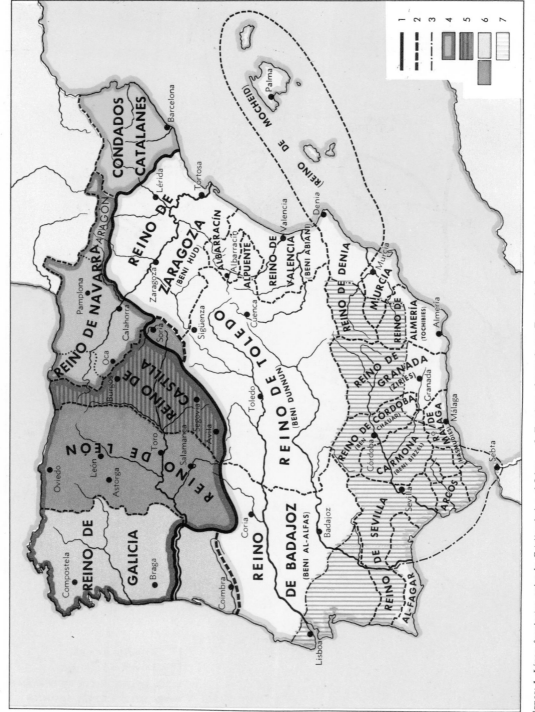

Signos: 1. Línea fronteriza entre la Cristiandad y el Islam. — 2. Frontera alcanzada por Fernando I. — 3. Límites del reino de Sevilla. — 4. Reino navarro bajo Sancho el Mayor. — 5. Territorios castellanos bajo la influencia de Sancho el Mayor. — 6. Territorios anexionados a la corona castellana por Fernando I. — 7. Territorios del reino de Sevilla.

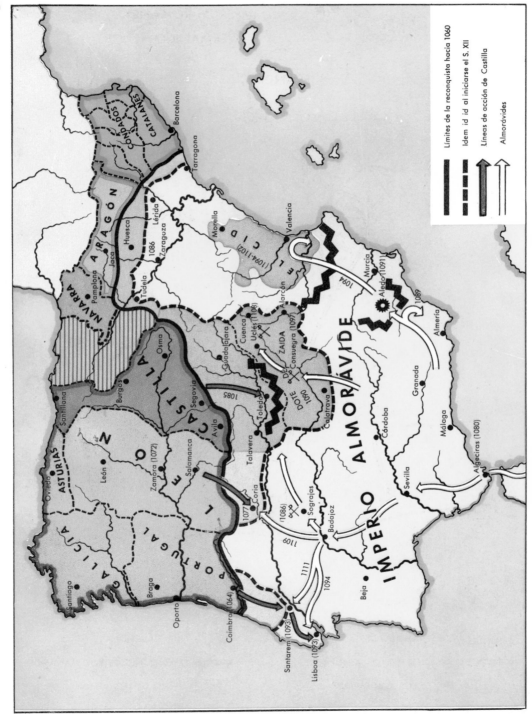

XXXI. LA ÉPOCA DEL CID

Límites de la reconquista hacia 1060
Idem id id al iniciarse el S. XII
Líneas de acción de Castilla
Almorávides

Barcelona
Tarragona
CONDADOS CATALANES

ARAGÓN
Huesca
Lérida
Jaca
Zaragoza 1086
Tudela
Pamplona
NAVARRA

Morella
Valencia
EL CID (1094-1102)

Cuenca
Guadalajara
Uclés (1108)
Alarcón
ZAIDA
Consuegra (1097)
DE DOTE 1090

Osma
Burgos
CASTILLA
Segovia
Ávila
Toledo 1085
Talavera
Calatrava

Santillana
ASTURIAS
Oviedo
León
LEÓN
Zamora (1072)
Salamanca
Coria 1077

GALICIA
Santiago
Braga
PORTUGAL
Oporto
Coimbra (1064)
Santarem (1093)
Lisboa (1093)

Sagrajas (1086)
Badajoz
1109
1111
1094
Beja

IMPERIO ALMORÁVIDE

Córdoba
Granada
Málaga
Sevilla
Algeciras (1080)

Murcia
Aledo (1091)
Almería
1089
1094

XXXII. ALMORÁVIDES Y ALMOHADES

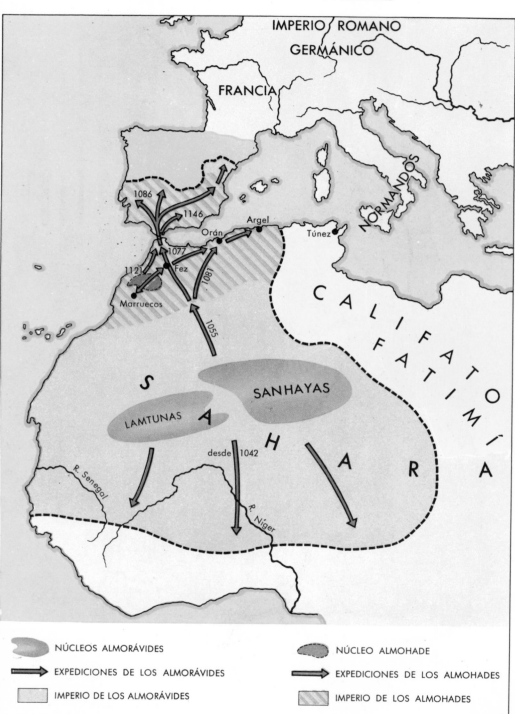

IMPERIO ROMANO
GERMÁNICO

FRANCIA

NORMANDOS

1086
1146
Argel
Orán
Túnez
1077
1081
1121 Fez
Marruecos
1055

CALIFATO FATIMÍA

S A H A R A

LAMTUNAS
SANHAYAS

desde 1042

R. Senegal

R. Níger

NÚCLEOS ALMORÁVIDES

NÚCLEO ALMOHADE

EXPEDICIONES DE LOS ALMORÁVIDES

EXPEDICIONES DE LOS ALMOHADES

IMPERIO DE LOS ALMORÁVIDES

IMPERIO DE LOS ALMOHADES

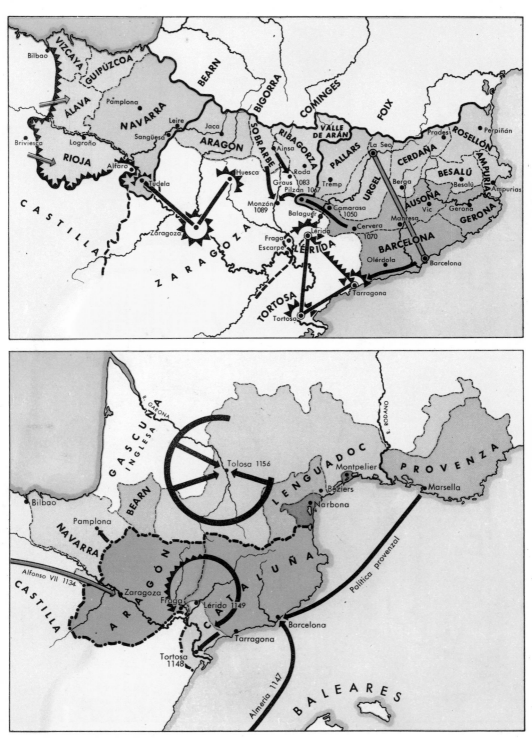

XXXV. EL IMPERIO PIRENAICO CATALANOARAGONÉS

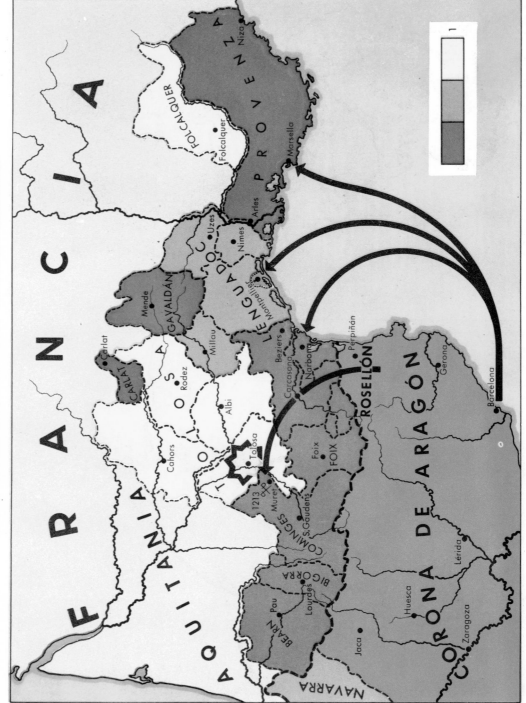

Signos: 1 Zonas de influencia catalanoaragonesas en el Lenguadoc (de mayor a menor grado).

XXXVI. LA ÉPOCA DE ALFONSO VII

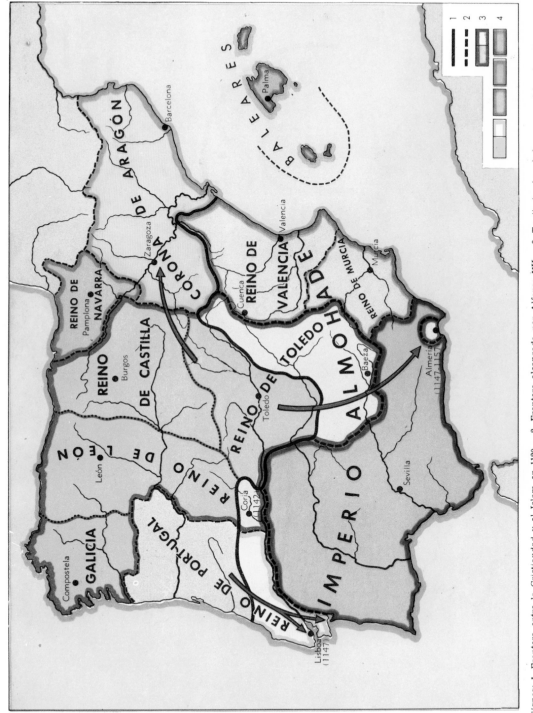

Signos: 1. Frontera entre la Cristiandad y el Islam en 1120. — 2. Frontera alcanzada por Alfonso VII. — 3. Territorios heredados y conquistas de Alfonso VII. — 4. Reinos en situación de dependencia feudal o vasallaje respecto a Alfonso VII.

XXXVII. LA RECONQUISTA EN EL SIGLO XIII

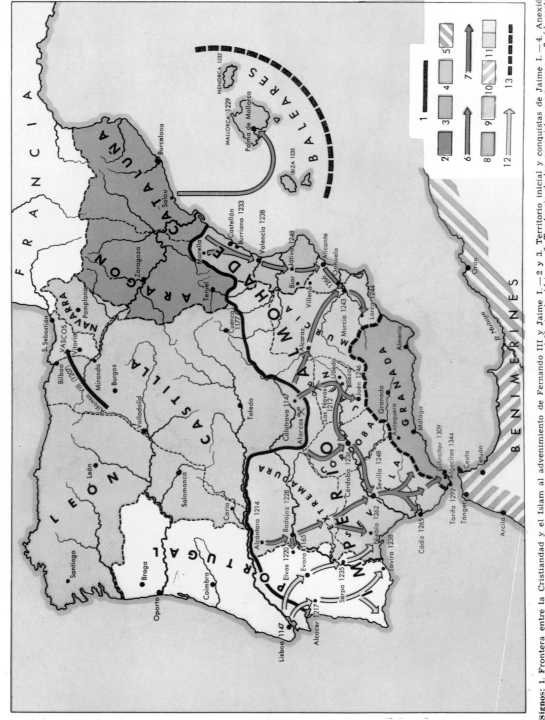

Signos: 1. Frontera entre la Cristiandad y el Islam al advenimiento de Fernando III y Jaime I. — 2 y 3. Territorio inicial y conquistas de Jaime I. — 4. Anexión de la región alicantina por Jaime II en 1304. — 5. Tendencia de las conquistas aragonesas. — 6. Tendencia de la reconquista aragonesa en el Norte de África. — 7. íd. caste- llanas. — 8 y 9. Territorio inicial y conquistas de Fernando III. — 10. Zona de influencia castellana en el Norte de África. — 11 y 2. Portugal: conquistas y trayec- toria de las mismas. — 13. Frontera entre la Cristiandad y el Islam al finalizar las grandes conquistas del siglo XIII.

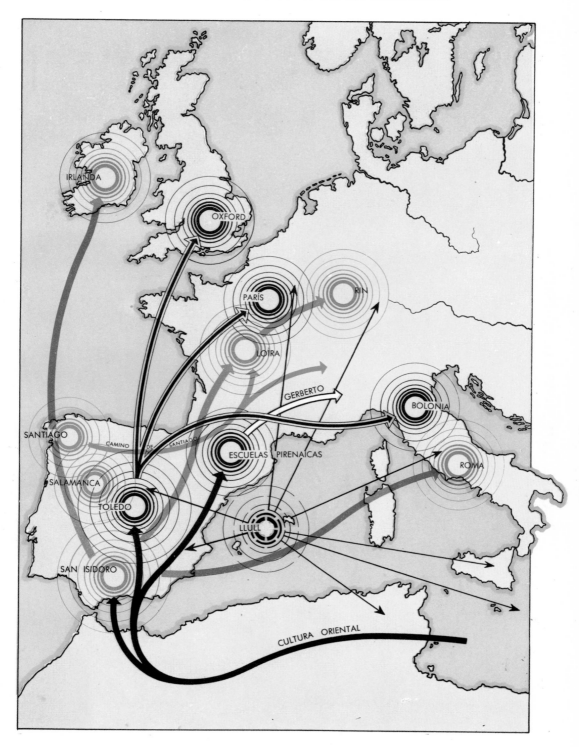

IRLANDA

OXFORD

PARÍS

RIN

LOIRA

GERBERTO

BOLONIA

SANTIAGO

CAMINO DE SANTIAGO

ESCUELAS PIRENAICAS

ROMA

SALAMANCA

TOLEDO

LLULL

SAN ISIDORO

CULTURA ORIENTAL

XXXIX. ARTE MEDIEVAL PENINSULAR

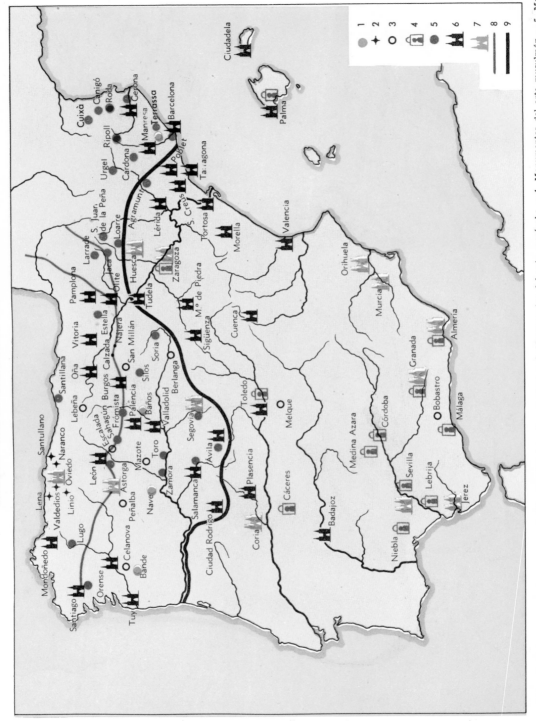

Signos: 1. Monumentos del arte visigodo. — 2. Monumentos del arte asturiano. — 3. Monumentos del arte mozárabe. — 4. Monumentos del arte musulmán. — 5. Monumentos del último periodo gótico. — 8. Camino de Santiago. — 9. Línea fronteriza en los numentos románicos. — 6. Monumentos del primer periodo gótico. — 7. Monumentos del último periodo gótico. — 8. Camino de Santiago. — 9. Línea fronteriza en los siglos IX, X y XI.

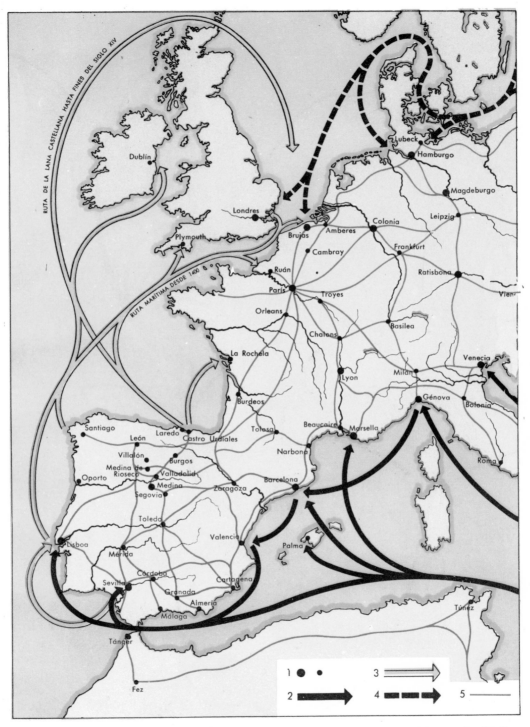

Signos: 1. Centros comerciales europeos. — 2. Rutas del comercio mediterráneo. — 3. Rutas del comercio atlántico. — 4. Rutas del comercio hanseático. — 5. Rutas continentales.

XLI. COMERCIO CATALÁN EN EL MEDITERRÁNEO

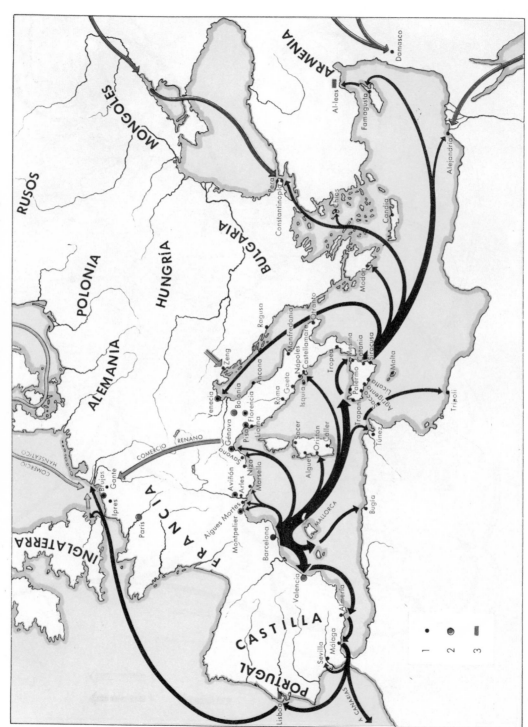

Signos: 1. Barcelona y sus consulados. — 2. Plazas bancarias. — 3. Otras plazas mercantiles.

XLII. LA PENÍNSULA EN LA ÉPOCA DE LOS TRASTÁMARAS

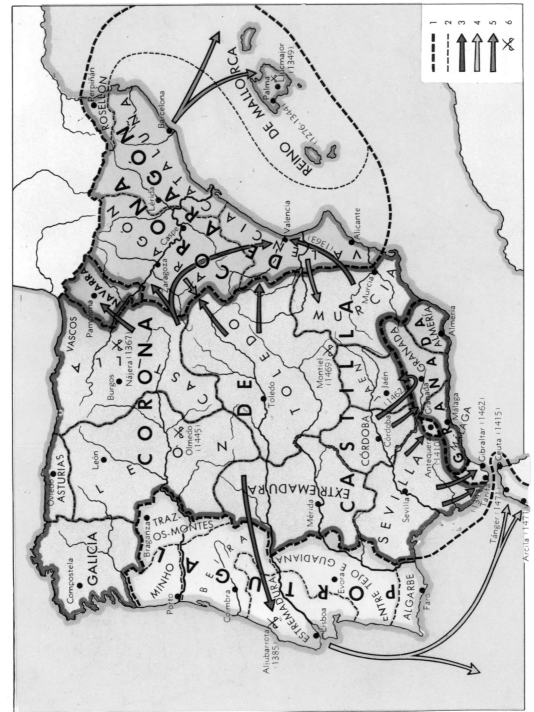

Signos: 1. Límites de los reinos peninsulares. — 2. Límites de los reinos en las coronas de Castilla y Aragón, de las provincias en Portugal y de las «coras» en Granada. — 3. Tendencias castellanas. — 4. Id. portuguesas. — 5. Id. aragonesas. — 6. Lugares de batalla.

XLIII. RELACIONES INTERNACIONALES DE LA PENÍNSULA EN LOS SIGLOS XIV Y XV

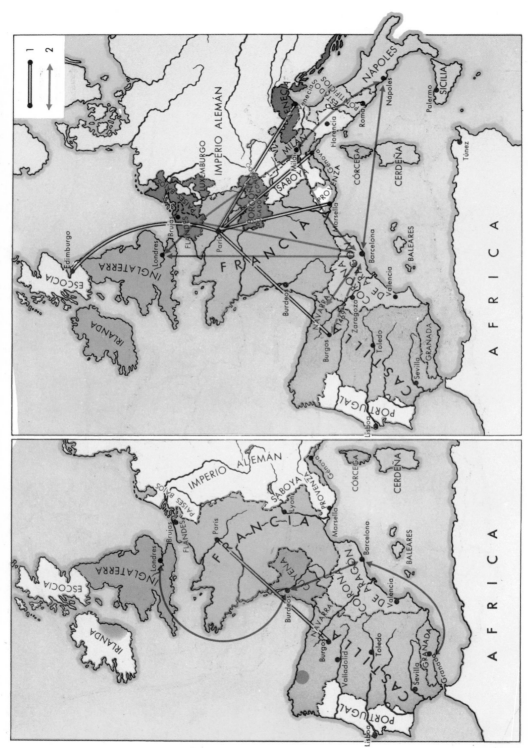

Signos: 1. Alianzas castellanas. — 2. Alianzas aragonesas.

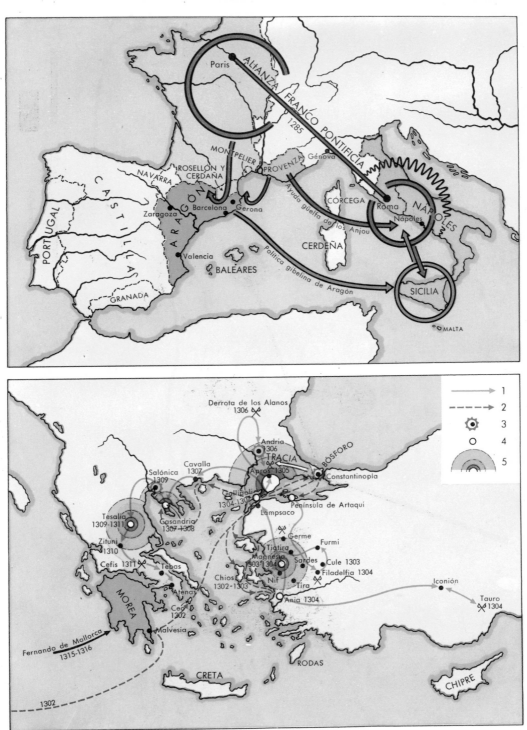

Signos del mapa XLV: 1. Ruta y campañas de los almogávares. — 2. Ruta de la flota catalana. — 3. Ciudad sitiada. —
4. Lugar de invernada. — 5. Zona de depredaciones.

XLVI. POLÍTICA DE INTEGRACIÓN MEDITERRÁNEA

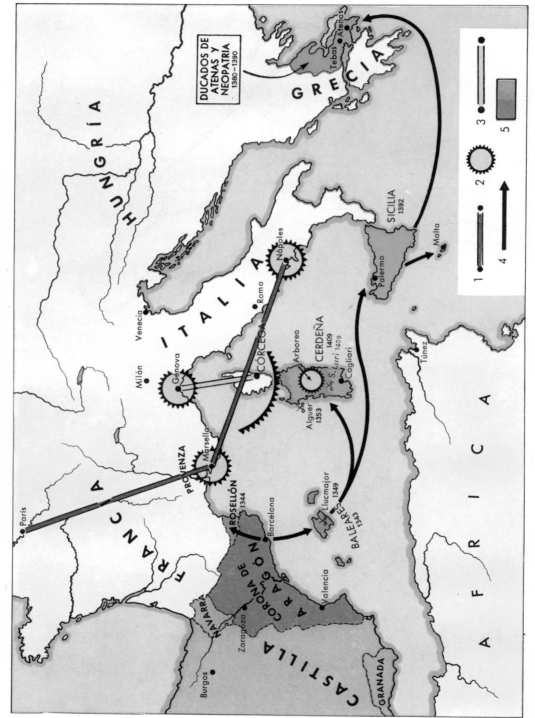

Signos: 1. Política angevina. — 2. Núcleos opuestos a la expansión catalanoaragonesa. — 3. Eje corsogenovés. — 4. Política de reintegración mediterránea de Aragón. 5. Corona de Aragón y territorios reincorporados a fines del siglo XIV y comienzos del XV.

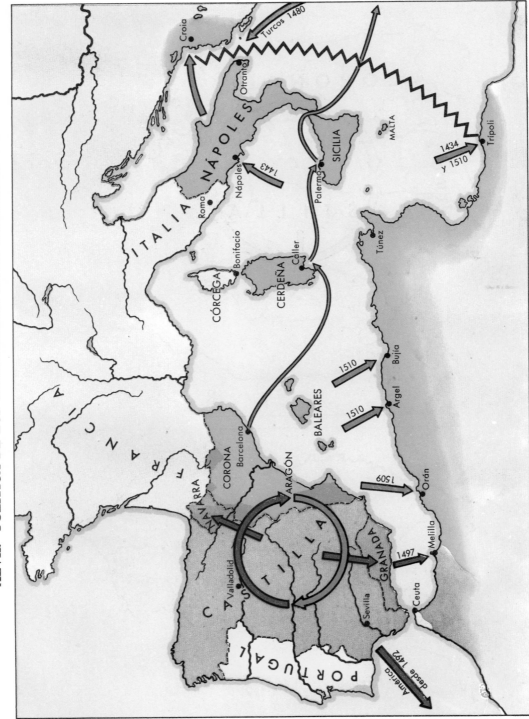

XLVII. POLÍTICA DE LOS TRASTÁMARAS EN EL MEDITERRÁNEO

XLVIII. LOS REYES CATÓLICOS. CONQUISTA DE GRANADA

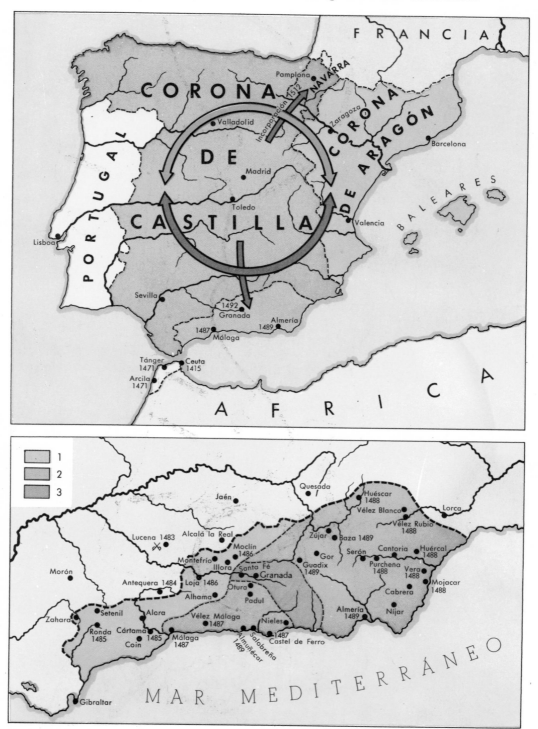

Signos del gráfico inferior: 1. Zona conquistada hasta 1486. — 2. Conquistas entre 1486 y 1489. — 3. Campaña final sobre Granada (1489-1492).

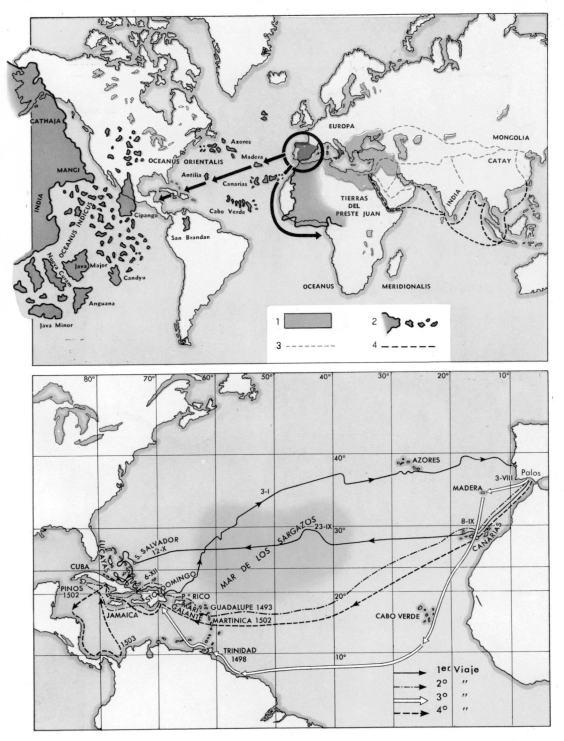

Signos: 1. Imperio turco. — 2. Contornos del mapa de Behaim, de 1492. — 3. Rutas continentales del comercio oriental. — 4. íd. marítimas.

LI. LAS GUERRAS DE ITALIA

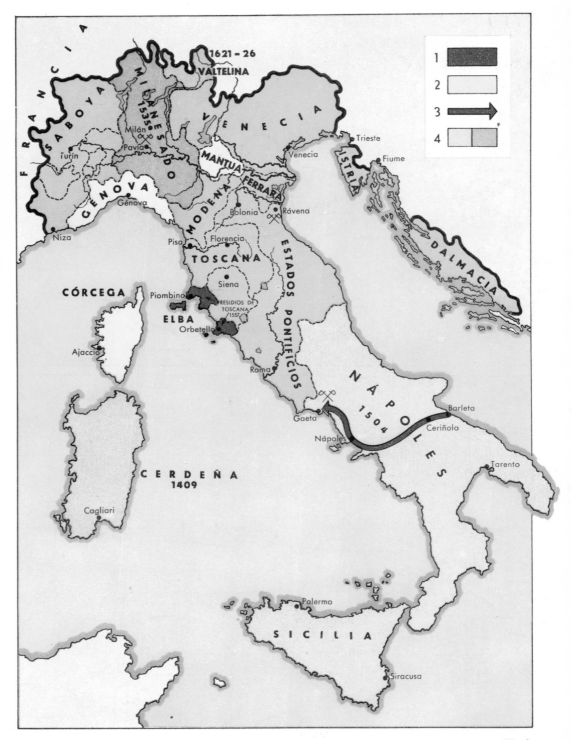

1621-26
VALTELINA

FRANCIA

SABOYA

MILANESADO
1535

Turín
Milán
Pavía

VENECIA

Venecia
Trieste
ISTRIA
Fiume

MANTUA

GÉNOVA
Génova

MODENA
FERRARA
Bolonia
Rávena

Niza

Pisa
Florencia

TOSCANA

DALMACIA

CÓRCEGA

Piombino
ELBA
Orbetello

Siena
PRESIDIOS DE
TOSCANA
1557

ESTADOS PONTIFICIOS

Ajaccio

Roma

NÁPOLES
1504

Barleta

Gaeta

Ceriñola

Nápoles

Tarento

CERDEÑA
1409

Cagliari

Palermo

SICILIA

Siracusa

Signos: 1. Presidios de Toscana. — 2. Génova y Córcega, países aliados. — 3. Campaña del Gran Capitán en Nápoles. 4. Posesiones antiguas (hasta fines del siglo XV) y recientes de la Corona de España en Italia.

LII. LA ÉPOCA DE CARLOS V

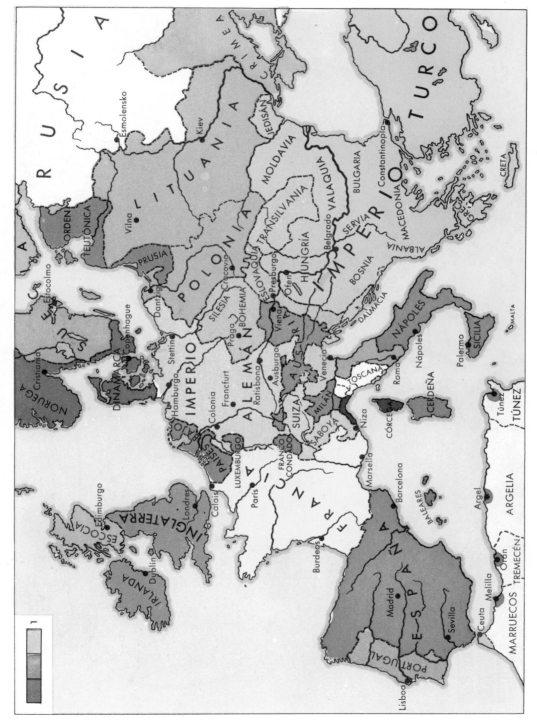

SIGNO: 1. Posesiones imperiales e hispánicas de los Habsburgo.

LIII. LA POLÍTICA EUROPEA DE FELIPE II

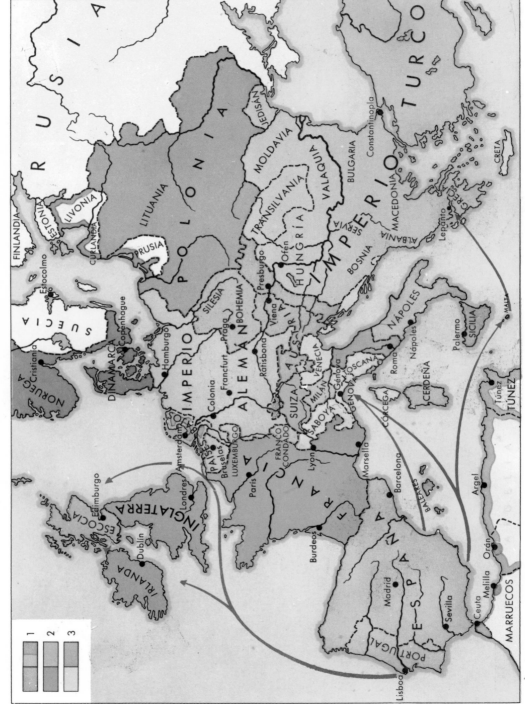

Signos: 1. Pose... es de los Austrias en España y en el Imperio alemán. — 2. Países adversarios de Felipe II. — 3. Aliados de Felipe II.

LIV. ESPAÑA Y LOS TURCOS EN EL MEDITERRÁNEO

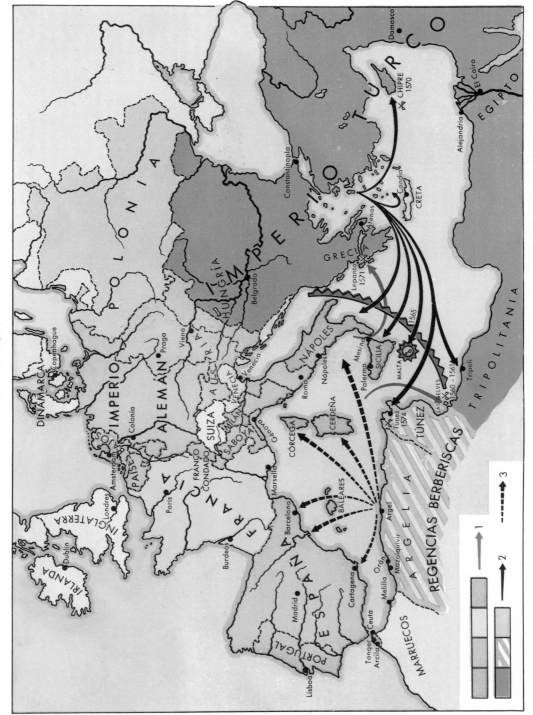

Signos: 1. España, sus posesiones, países amigos y aliados. — 2. Turquía, posesiones y países amigos. — 3. Ataques de las regencias berberiscas.

LV. FELIPE II Y LOS PAÍSES BAJOS

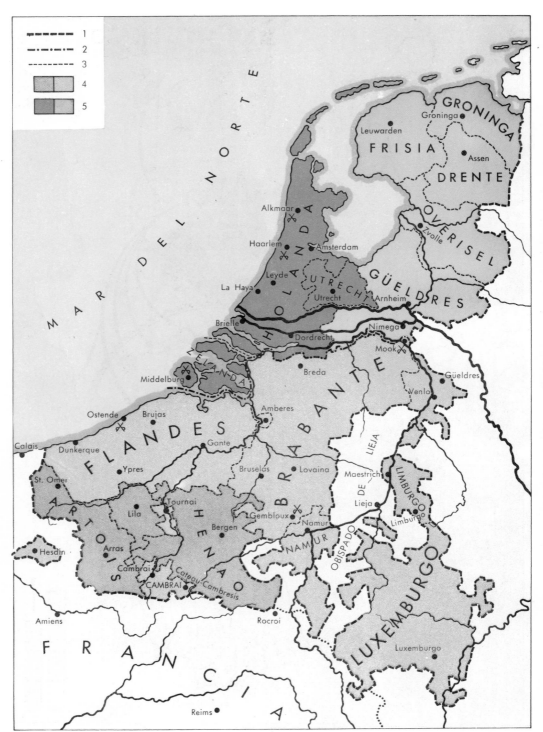

Signos: 1. Límite de los dominios de Felipe II en los Países Bajos. — **2.** Id. divisorio de 1609. — **3.** Id. provinciales
4. Unión de Arrás y territorios católicos. — **5.** Unión de Utrecht y territorios disidentes.

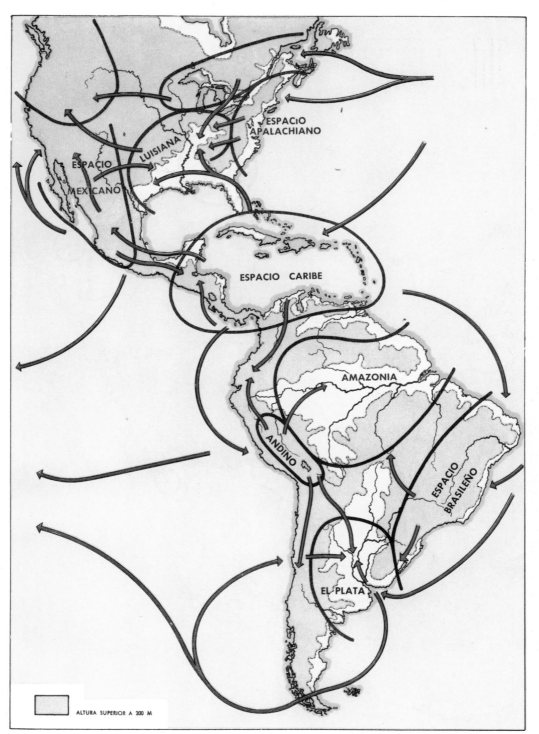

LVII. DESCUBRIMIENTOS EN LAS ANTILLAS, MÉXICO Y AMÉRICA DEL NORTE

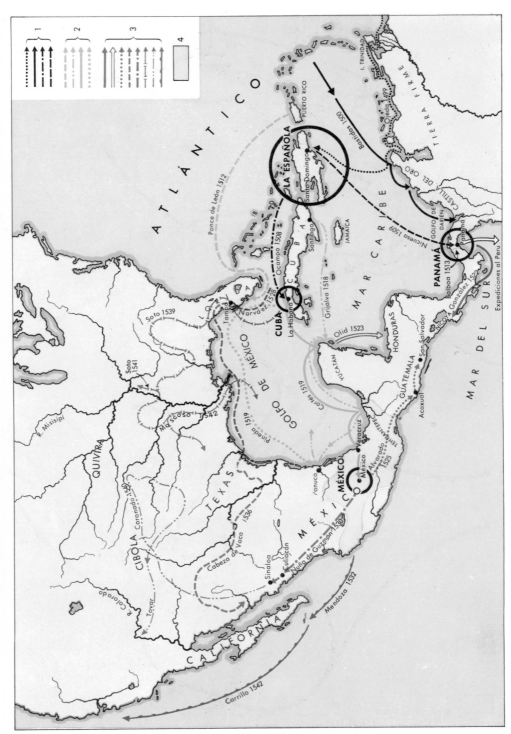

Signos: 1. Grupo de descubrimientos entre 1499 y 1509. — 2. íd. entre 1510 y 1520. — 3. íd. entre 1520 y 1542. — 4. Imperio azteca.

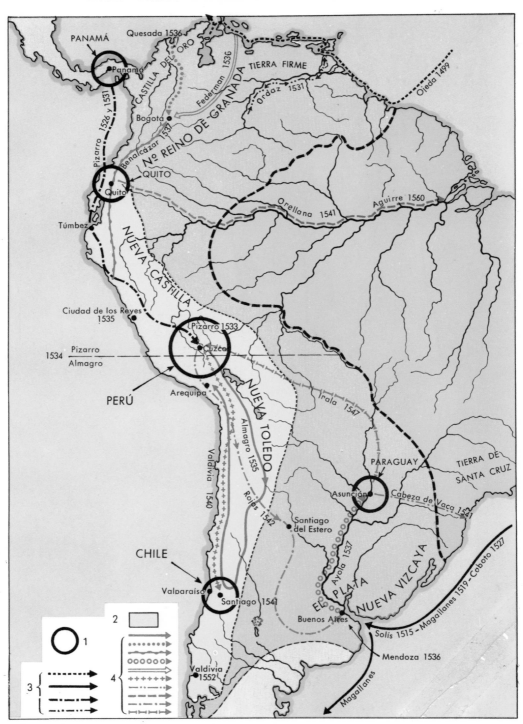

LVIII. DESCUBRIMIENTOS EN AMÉRICA DEL SUR

PANAMÁ
Panamá
Quesada 1536
CASTILLA DEL ORO
Federmán 1536
TIERRA FIRME
Ordaz 1531
Ojeda 1499
Pizarro 1526 y 1531
Benalcázar 1537
Bogotá
Nº REINO DE GRANADA
QUITO
Quito
Túmbez
NUEVA CASTILLA
Orellana 1541
Aguirre 1560
Ciudad de los Reyes 1535
Pizarro 1533
Cuzco
1534 Pizarro
Almagro
PERÚ
Arequipa
NUEVA TOLEDO
Irala 1547
Valdivia 1540
Almagro 1535
Rojas 1542
PARAGUAY
Asunción
Cabeza de Vaca 1541
TIERRA DE SANTA CRUZ
Santiago del Estero
CHILE
Ayola 1537
Valparaíso
Santiago 1541
NUEVA VIZCAYA
EL PLATA
Buenos Aires
Solís 1515 · Magallanes 1519 · Caboto 1527
Mendoza 1536
Valdivia 1552
Magallanes

2
1
3
4

Signos: 1. Núcleos de descubrimiento y colonización. — 2. Imperio inca. — 3. Grupo de descubrimientos hasta 1533.
4. íd. de 1533 a 1560.

LIX. EXPLORACIONES EN EL PACÍFICO

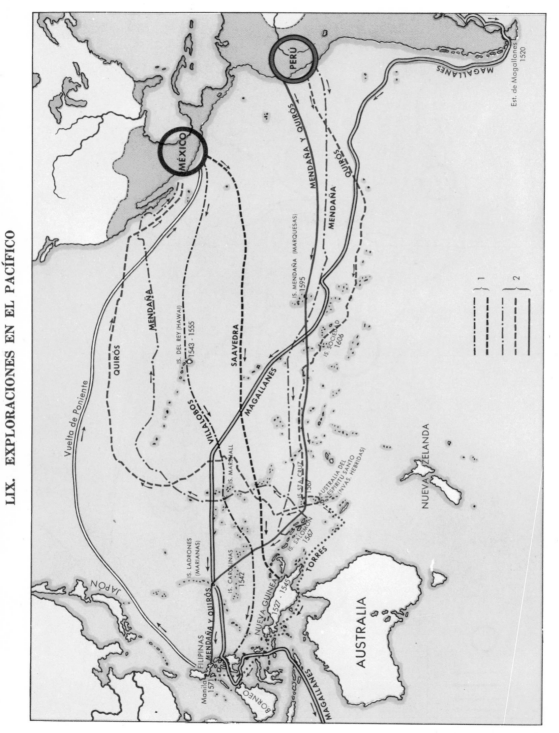

Signos: 1. Grupo de exploraciones con base de partida en Méjico. — 2. Id. en el Perú.

LX. ESPAÑOLES Y PORTUGUESES EN ASIA ORIENTAL

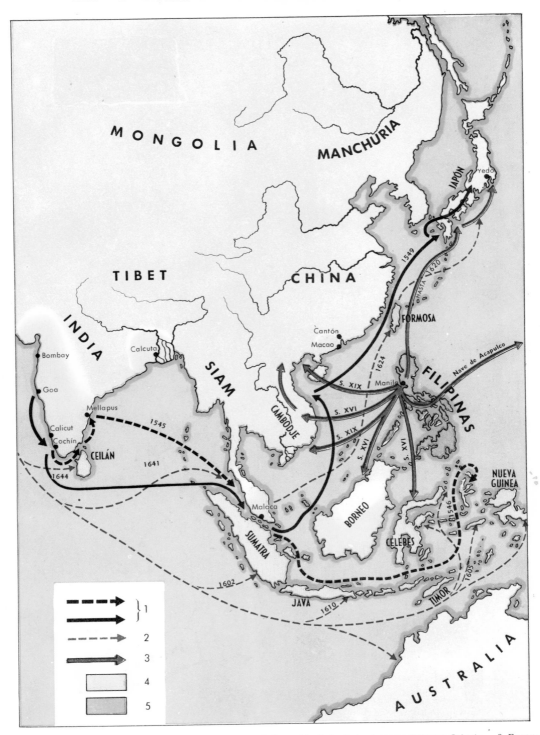

Signos: 1. Viajes apostólicos de San Francisco Javier. — **2.** Irrupción de los holandeses en Extremo Oriente. — **3.** Expansión española desde las Filipinas. — **4.** Posesiones portuguesas antes de 1600. — **5.** Id. españolas.

LXI. QUIEBRA DEL PREDOMINIO ESPAÑOL EN EUROPA

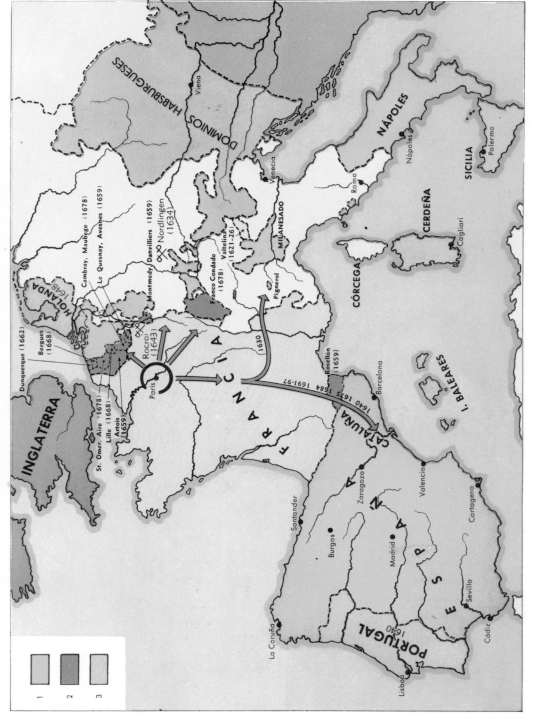

Signos: 1. España y sus posesiones después de la Paz de Riswyck. — 2. Territorios cedidos a Francia por las paces de los Pirineos, Aquisgrán y Nimega. — 3. Estados separados de España: Holanda y Portugal.

LXII. COLONIZACIÓN EN AMÉRICA DEL NORTE (SIGLOS XVI-XVIII)

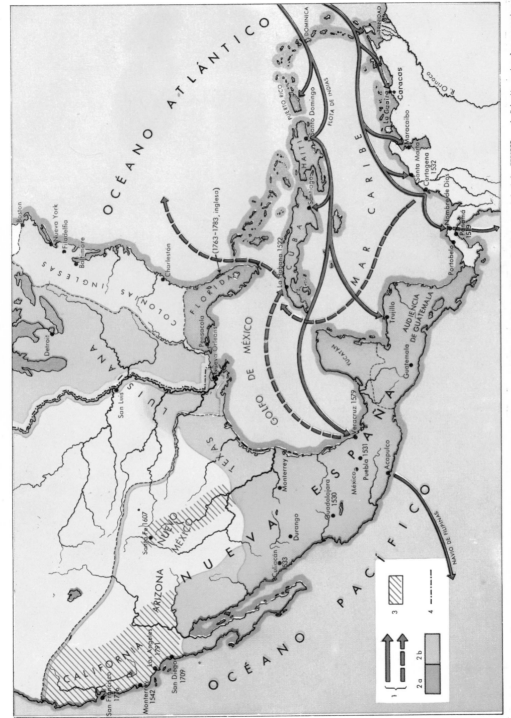

Signos: 1. Flotas de Indias: ida y retorno. — 2a. Territorio de Nueva España en 1636. - 2b. íd. en 1786. — 3. Misiones del siglo XVIII. — 4. Límite entre las posesiones inglesas y españolas en 1763 (Paz de París). ◆ Las cifras al lado del nombre de las poblaciones indican fecha de fundación.

LXIII. COLONIZACIÓN DE AMÉRICA DEL SUR (SIGLOS XVI-XVII)

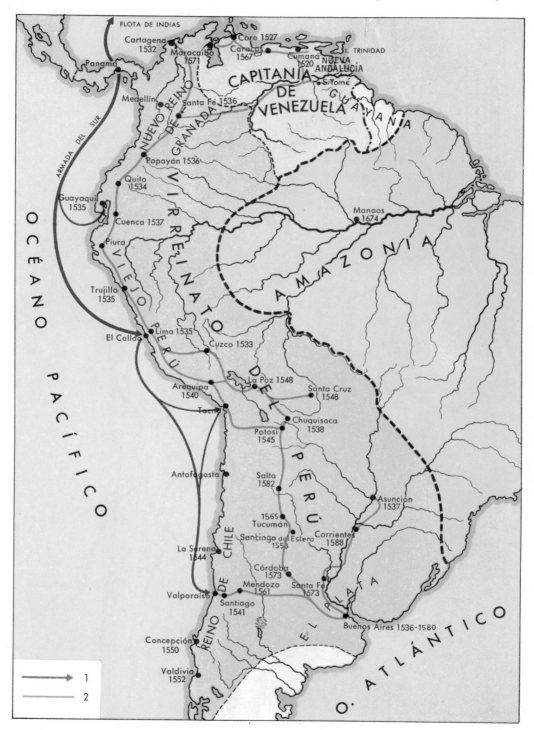

FLOTA DE INDIAS

Coro 1527

Cartagena 1532

Maracaibo 1571

Caracas 1567

Cumaná 1520

I. TRINIDAD

Panamá

NUEVA ANDALUCIA

CAPITANIA DE VENEZUELA

Medellín

S. Tomé

GUAYANA

NUEVO REINO DE GRANADA

Santa Fé 1536

Popayán 1536

Quito 1534

ARMADA DEL SUR

Guayaquil 1535

Cuenca 1537

Manaos 1674

Piura

VIRREINATO

AMAZONIA

Trujillo 1535

PERÚ VIEJO

Lima 1535

El Callao

Cuzco 1533

La Paz 1548

Arequipa 1540

Santa Cruz 1548

Tacna

DEL

Chuquisaca 1538

Potosí 1545

Antofagasta

Salta 1582

PERÚ

Asunción 1537

1565 Tucumán

Corrientes 1588

Santiago del Estero 1553

La Serena 1544

CHILE

Córdoba 1573

Valparaíso

Mendoza 1561

Santa Fé 1573

REINO DE CHILE

Santiago 1541

EL PLATA

Buenos Aires 1536-1580

Concepción 1550

Valdivia 1552

OCÉANO PACÍFICO

O. ATLÁNTICO

1

2

Signos: 1. Rutas marítimas. — 2. Rutas continentales del Imperio español en América del Sur. ◆ Las cifras al lado del nombre de posesiones indican fecha de fundación.

LXIV. LOS ATAQUES AL IMPERIO ESPAÑOL EN AMÉRICA DEL SUR Y EL CARIBE

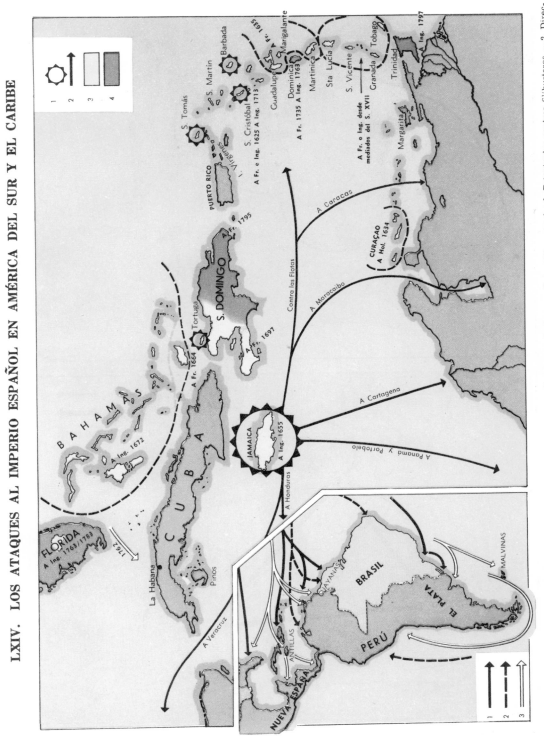

Signos: *Del gráfico pequeño:* 1. Ataques franceses. — 2. Ataques holandeses. — 3. Ataques ingleses. — *Del gráfico grande:* 1. Principales centros filibusteros. — 2. Dirección de los ataques filibusteros. — 3. Pérdidas españolas en el siglo XVII. — 4. id. en el siglo XVIII.

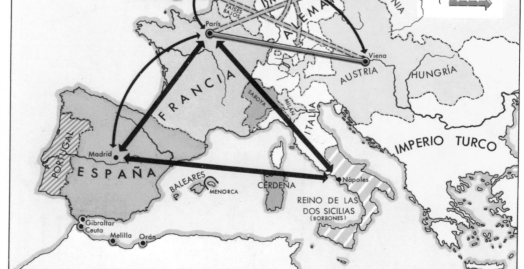

Signos del mapa LXV: 1. Gran alianza antiborbónica. — 2. Ofensivas aliadas. — 3. Ofensivas francoespañolas. — 4. Territorios perdidos por España en la Paz de Utrecht (1713). — **Signos del mapa LXVI:** 1. Quíntuple alianza. — 2. Pacto de Familia. — 3. Alianzas y su reversión.

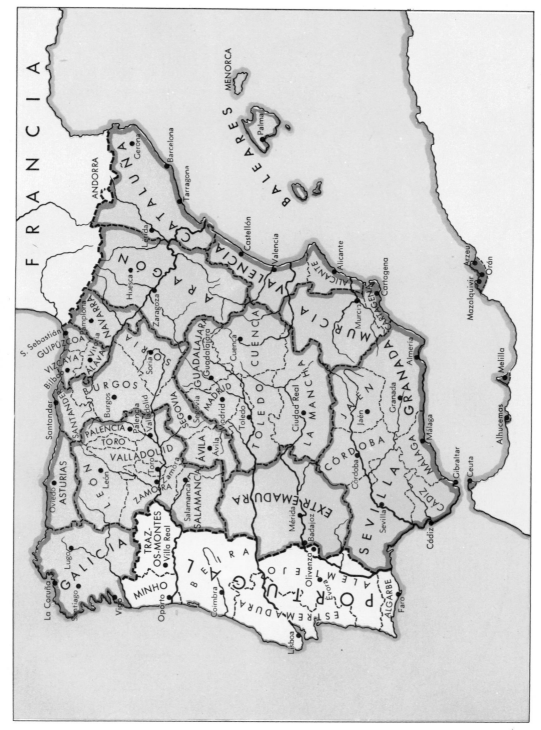

LXVII. ESPAÑA EN EL SIGLO XVIII

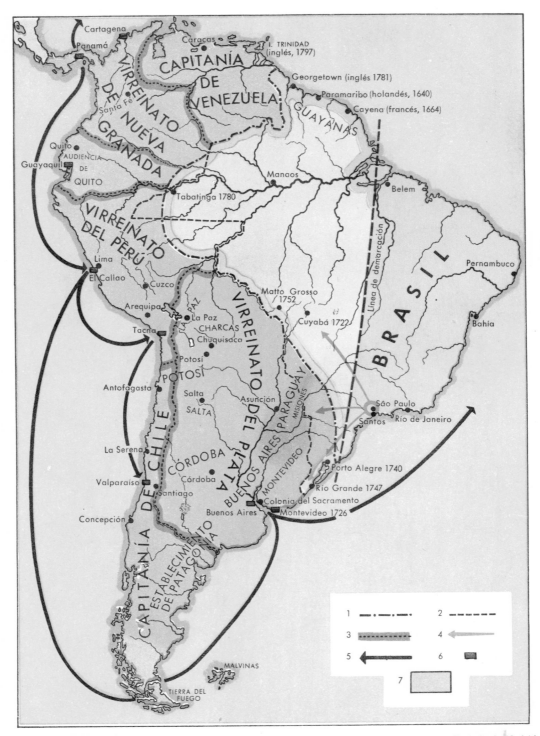

Signos: 1. Límite entre las colonias españolas y portuguesas a comienzo del siglo XVIII. — 2. íd. del Tratado de Madrid de 1750, rectificado en 1777. — 3. Límites administrativos coloniales. — 4. Expansión de los «bandeirantes». — 5. Rutas del comercio marítimo. — 6. Puertos habilitados para el comercio con la metrópoli. — 7. Territorio de las misiones jesuitas.

LXIX. LAS GUERRAS NAPOLEÓNICAS

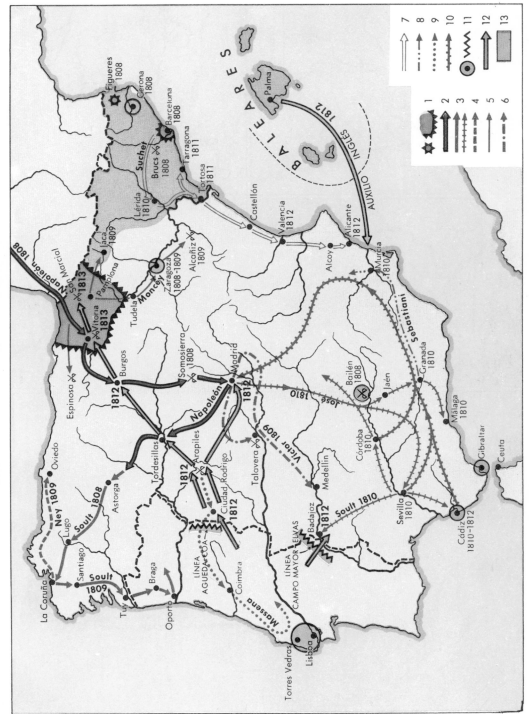

Signos: 1. Territorios ocupados por Napoleón en agosto de 1808. — 2. Campaña de Napoleón en España. — 3. íd. de Sebastiani. — 4. íd. de Soult. — 5. íd. de Moncey. — 6. Id. de Victor. — 7. Id. de Suchet. — 8. Id. de Ney. — 9. íd. de Massena. — 10. Línea de repliegue de Soult en 1812. — 11. Plazas sitiadas y líneas de resistencia. — 12. Líneas de ataque inglés. — 13. Último territorio español detentado por Francia.

LXX. INDEPENDENCIA DE HISPANOAMÉRICA

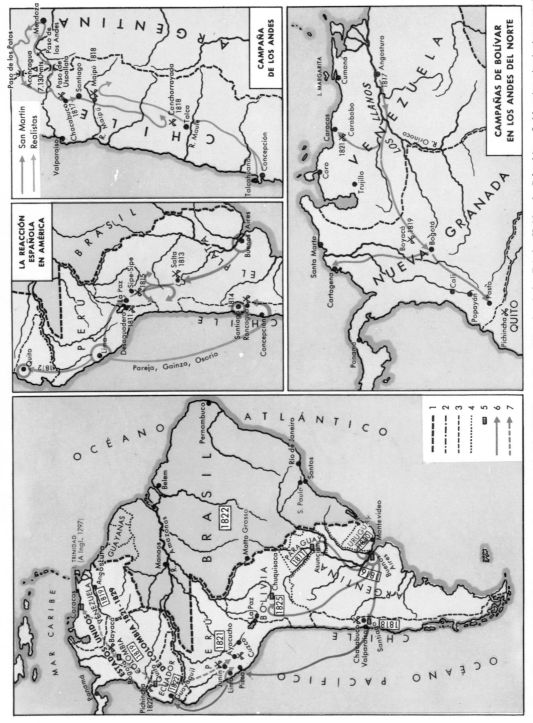

CAMPAÑA DE LOS ANDES

San Martín
Realistas

LA REACCIÓN ESPAÑOLA EN AMÉRICA

Pareja, Gainza, Osorio

CAMPAÑAS DE BOLÍVAR EN LOS ANDES DEL NORTE

Signos: 1. Límites del Imperio colonial español a fines del siglo XVIII. — 2. Íd. meridionales de los Estados Unidos de Colombia. — 3. Íd. entre virreinatos y capitanías. — 4. Íd. estatales después de la Independencia. — 5. Centros de las Juntas de 1809-1811. — 6. Ruta de San Martín. — 7. Ruta de Bolívar.

LXXI. LIBERALES Y CARLISTAS

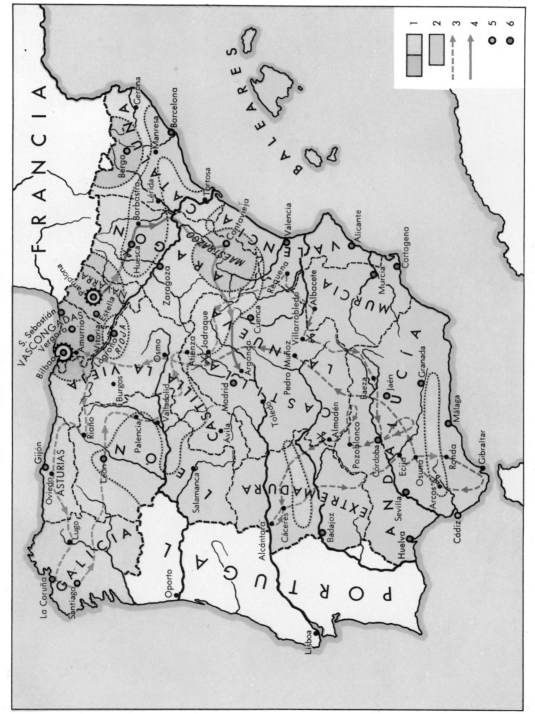

Signos: 1. Zonas de mayor intensidad del movimiento carlista. — 2. Zonas de predominio liberal. — 3. Expedición del general Gómez. — 4. íd. de Carlos VI. — 5. Capitales carlistas. — 6. Centros liberales.

LXXII. LA GUERRA HISPANO-YANQUI: CUBA Y FILIPINAS

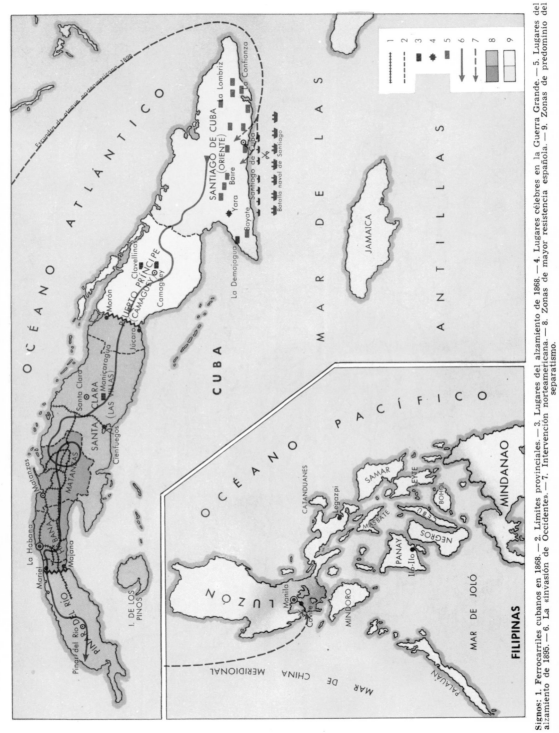

FILIPINAS

Signos: 1. Ferrocarriles cubanos en 1868. — 2. Límites provinciales. — 3. Lugares del alzamiento de 1868. — 4. Lugares célebres en la Guerra Grande. — 5. Lugares del alzamiento de 1895. — 6. La «invasión de Occidente». — 7. Intervención norteamericana. — 8. Zonas de mayor resistencia española. — 9. Zonas de predominio del separatismo.

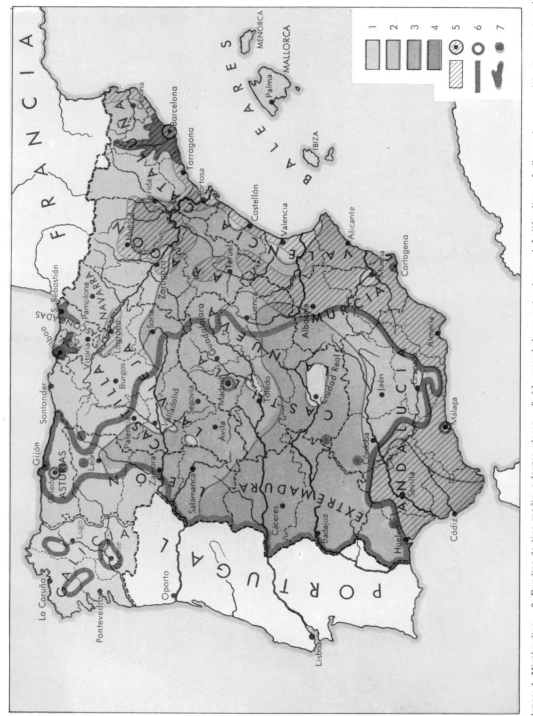

LXXIII. ESPAÑA EN LOS ALBORES DEL SIGLO XX

Signos: 1. Minifundios. — 2. Fundios de tipo medio, a largos plazos. — 3. id. arrendados a corto plazo. — 4. Latifundios. — 5. Zonas de mayor difusión y centros del anarquismo español. — 6. id. id. del socialismo. — 7. Zonas y núcleos de mayor industrialización.

LXXIV. LA CRISIS ESPAÑOLA DEL SIGLO XX

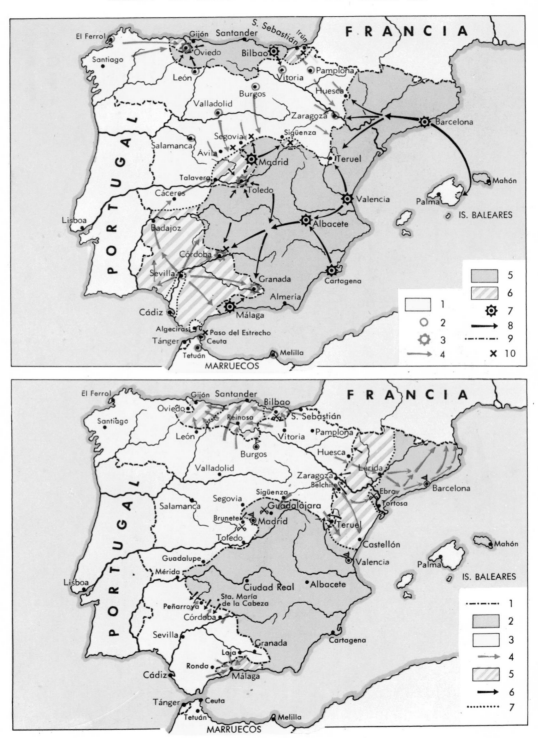

Los signos de este mapa están incluidos en el texto.

APÉNDICE I

EXPLICACIÓN DE LOS MAPAS

POR

J. VICENS VIVES

I. Elementos de la geografía histórica hispánica

1. EL MARCO GEOGRÁFICO. — La Península Hispánica, situada en el extremo sudoccidental de Europa, constituye una unidad geográfica clara, con límites precisos, dentro de tal continente. Esta unidad deriva, en gran parte, de su formación geológica y tectónica.

Los elementos geográficos principales de la Península Hispánica son los siguientes:

La *Meseta central,* que constituye no sólo el elemento más antiguo, sino, por su situación céntrica, el núcleo de relación de los demás factores geográficos peninsulares. Se trata de una plataforma continental, muy elevada sobre el nivel del mar (700 m. por término medio), que se inclina suavemente hacia el Atlántico. Esta condición la convierte en una especie de reducto amurallado respecto a las zonas circundantes. Forman las murallas sus mismos bordes, que la erosión y otros accidentes geográficos han convertido en sistemas montañosos: al Norte, el *sistema Cantábrico;* al Este, el *sistema Ibérico,* y al Sur, la falla bética o *sierra Morena.* Un espinazo montañoso, el *sistema Central,* divide la Meseta en dos porciones: *Meseta Norte* y *Meseta Sur.* Hacia Occidente, el declive de la Meseta presenta la *orla portuguesa,* reborde deprimido, afectado en época geológica por los movimientos tectónicos del litoral atlántico. En fin, el *macizo galaico* es una vieja penillanura rejuvenecida.

Las *depresiones del Ebro y del Guadalquivir,* adosadas a la Meseta, tienen forma triangular. La primera, situada al Norte, entre los Pirineos y el sistema Ibérico, no tiene libre acceso al Mediterráneo, del que la separan las cordilleras litorales catalanas. La segunda, limitada por sierra Morena y el sistema Penibético, se orienta anchamente hacia el Atlántico.

Los *elementos periféricos* son, además de la ya citada orla portuguesa, los *sistemas Pirenaico,* al Norte, y *Penibético,* al Sur, la *depresión Vasca* y la *franja levantina.*

2. LAS RUTAS NATURALES. — La disposición de la red de comunicaciones naturales de la Península depende de los factores geográficos constitutivos que acabamos de señalar y de las relaciones entre el relieve y la red hidrográfica. Una simple ojeada al gráfico revela que nos hallamos ante una estructura complicada, irregular y de trabazón poco

definida. De esto son causa: *a)* los amurallamientos montañosos de la Meseta respecto a la periferia marítima; y *b)* la presencia en la misma Meseta de un gran arco montañoso divisorio: el sistema Central. Por lo tanto, la red de rutas naturales hispánicas. se caracteriza por la abundancia de centros regionales de comunicación y el difícil enlace entre los mismos. Éste se realiza, en general, por medio de pasos montañosos y de "brechas" poco accesibles.

Los principales pasos y puertos montañosos son los siguientes:

A través del sistema Central, en la unión entre las dos Mesetas: los puertos de *Guadarrama y Navacerrada,* entre las dos Castillas; la *brecha del Alagón,* entre León y Extremadura.

Entre la Meseta y el macizo Galaico: *la brecha del Sil* o paso de Ponferrada.

Entre la Meseta y el litoral cantábrico, a través del sistema Cantábrico: los pasos de *Pajares* (Asturias), *Reinosa* (Santander) y *Vitoria-Alsasua* (País Vasco).

Entre la Meseta y la depresión del Ebro: el paso de *Pancorbo-Miranda* y la *brecha del Jalón.*

Entre la Meseta y la franja levantina: los pasos de *Almansa* (Valencia) y del *Segura* (Murcia).

Entre la Meseta y la depresión del Guadalquivir: los pasos de *Despeñaperros,* al Este; de los *Pedroches,* al Centro, y de *Zafra,* al Oeste.

Los pasos entre las regiones periféricas son también poco fáciles, con las dos excepciones del *andén atlántico portugués* y del *andén levantino,* entre Cataluña y Valencia. Aragón y Valencia se enlazan a través de la *brecha del Jiloca,* y Murcia y la depresión del Guadalquivir se relacionan utilizando la ruta de las *fosas penibéticas.*

En conjunto, predominan las direcciones Norte-Sur: León-Extremadura-Andalucía; Castilla la Vieja-Castilla la Nueva-Andalucía; Cataluña-Valencia-Murcia. Las rutas orientadas en la dirección de los paralelos son escasas y deficientes. Los accesos principales de la periferia hacia la Meseta tienden a concentrarse en el nudo del abanico del sistema Central, o sea en el centro de comunicaciones Madrid-Toledo. Este fenómeno repercutirá en la imagen radial que hoy ofrece la red española de comunicaciones.

3. SITUACIÓN GEOPOLÍTICA. — Situación geopolítica de un país es la relación que guarda con las grandes rutas mundiales. En este aspecto podemos

1

afirmar que la situación geopolítica de la Península es excepcional.

La Península Hispánica ocupa el centro de una cruz cuyas aspas están formadas por dos corrientes de comunicación de valor mundial. Una es la *corriente euroafricana*, orientada de Norte a Sur, que comunica Europa con África, con ramales que van al Sudán, Sáhara y Egipto. Otra es la *mediterránea*, orientada de Este a Oeste, que recoge las corrientes del *mundo oriental*.

Además, muy cerca de la fachada atlántica de la Península transcurre un tercer sistema de líneas geopolíticas, que se orientan en tres direcciones: *norteatlántica, centroatlántica y sudatlántica*, o sea hacia América y África del Sur.

Esta situación explica: *a*) el valor trascendental de muchos hechos históricos peninsulares; *b*) la primacía estratégica de su posición geográfica, pues domina las comunicaciones entre Europa occidental y África Menor y las del Atlántico al Mediterráneo; *c*) el carácter complejo de muchos de los elementos que han intervenido en la formación de las razas, cultura y vida de la Península, y la capacidad de asimilación de las corrientes ideológicas exteriores; *d*) la fuerza expansiva de los pueblos peninsulares en sus momentos de apogeo, e inversamente, la fácil intrusión de los extranjeros en las épocas de decadencia, y *e*) que España fuera algunas veces campo de batalla donde se dirimieran los destinos de la Humanidad.

4. ENTIDADES GEOPOLÍTICAS. — Entidades geopolíticas equivale a decir marcos geograficohistóricos esenciales de un país. En consecuencia, responden en sus grandes líneas a los elementos geográficos más importantes. Así se nos revela al esquematizar las entidades geopolíticas de la Península.

La Meseta se nos presenta como entidad geopolítica predominante, con un núcleo (círculo) de vasta irradiación: el *castellano*. En ella se ha de notar el papel de resistencia de la barrera montañosa del sistema Cantábrico, al Norte, y la acción obstaculizadora del sistema Ibérico entre la Meseta y la depresión del Ebro. Por esta causa, las tendencias más constantes de la Meseta en el ámbito peninsular son hacia el Sudeste (Mediterráneo), el Sur (Andalucía y África) y el Sudoeste (Atlántico).

La fachada atlántica de la Península determina una entidad geopolítica diferenciada a partir del núcleo (círculo) de Braga. Su expansión hacia el Sur ha dado lugar al *Estado portugués*.

La depresión del Ebro, que por Navarra se relaciona con la Depresión Vasca, forma un triángulo, el aragonés o *ibérico*, con dos núcleos periféricos: el *vasconavarro*, al Oeste, y el *catalán*, al Este. Esta estructura la ha hecho poco coherente como entidad geopolítica, aunque en la Edad Media aparece varias veces unida bajo un mismo monarca. Los Pirineos constituyen una gran barrera que la aísla del triángulo del Garona, que tiene Tolosa como núcleo principal. No obstante, los pasos que existen en las extremidades de tal cordillera, han hecho muy activa la política transpirenaica de Navarra y Cataluña. Por su parte, el núcleo catalán ha formado muchas veces una especie de corredor de influencias, orientadas unas

hacia el Nordeste (Lenguadoc y Provenza) y otras hacia el Sudoeste (Valencia y Murcia).

El *triángulo bético* (valle del Guadalquivir) caracteriza una entidad peninsular con características propias, reflejada varias veces políticamente en el transcurso de la Historia.

5. EXPANSIÓN MEDITERRÁNEA. — La Península desempeña su papel mediterráneo a través de la fachada levantina y del estrecho de Gibraltar.

España pertenece a la cuenca del Mediterráneo occidental, cerrada al Oeste por Gibraltar y al Este por Sicilia y Túnez. La importancia de su acción en aguas de este mar, en competencia con otros núcleos: el provenzal (Francia) y el romano (Italia), se ha expresado en el dominio de la *diagonal de las islas* (Cataluña-Baleares-Cerdeña-Sicilia) y en la posesión de los estrechos (Gibraltar y Sicilia). Otros esfuerzos en dirección a la costa de África Menor, Provenza, Córcega o Nápoles han tenido por objeto garantizar los flancos de su expansión mediterránea central.

Más allá del estrecho de Sicilia, en el Mediterráneo oriental, la expansión hispana, como es lógico, se aprecia mucho más débil. En general, se trata de relaciones de tipo económico y cultural, aunque hay muchos casos de actuación política en el Adriático (Venecia), Grecia, Asia Menor, Egipto y las islas del Egeo. Entre ellos los más importantes, sin duda, son: la expedición de los almogávares a Oriente, el dominio de Trípoli a comienzos del siglo XVI y la batalla de Lepanto contra los turcos.

6. EXPANSIÓN EUROPEA. — Los Pirineos constituyen la muralla que une y a la vez separa la Península Hispánica del Occidente europeo. Por esta causa, constituyen el elemento geopolítico más constante en las relaciones exteriores de sus pueblos. A través de ellos, en efecto, pasan y se infiltran, desde las épocas prehistóricas, las razas y las culturas más diversas, unas con el propósito de llegar a Francia y otras con el de desembocar en España.

Desde ésta, la expansión ha de efectuarse, necesariamente, por los pasos laterales de la enhiesta cordillera: el occidental conduce a las cuencas bajas del Garona y del Loira, con el ambicionado centro de Tolosa como meta; el oriental lleva al nudo de comunicaciones de Narbona-Carcasona, que se bifurca de un lado hacia Tolosa y de otro hacia el andén lenguadociano y provenzal y el valle del Ródano. La importancia de los pasos pirenaicos explica que sus vertientes — europea e hispánica — estén cuajadas de nombres de batallas.

La tendencia transpirenaica alcanza sus límites máximos en el Loira y los Alpes Marítimos; pero rara vez han encerrado una realidad política, aunque se hayan aproximado mucho a ella el Imperio visigodo de Eurico, el Emirato musulmán a comienzos del siglo VIII y el Estado catalanoaragonés a fines del XII.

La expansión occidental y europea de la Península ha tenido también otros rumbos, no menos importantes, aunque quizá más complejos. Uno de ellos es el atlántico: hacia Bretaña, el archipiélago Británico y el mar del Norte; el segundo es continental, a pesar de su enlace mediterráneo inicial. Este último tiene su punto de arranque en el Milanesado (Po) y de aquí se orienta hacia el Rin (Borgoña y Países Bajos) o hacia Europa central (Austria, Alemania). No obstante la aparente fragilidad de esta orientación expansiva, recordemos que corresponde a grandes hechos de la historia de España: Italia, el Imperio de Carlos I y la Contrarreforma.

7. EXPANSIÓN ATLÁNTICA. — La fachada occidental de la Península, en particular la orla portuguesa y el valle del Guadalquivir, constituye la plataforma continental de la expansión atlántica de los pueblos hispanos.

Para determinar la dirección seguida por la expansión atlántica hay que tener en cuenta dos factores: el primero es la situación de las islas euroafricanas, como las Azores, Canarias y Cabo Verde, que se convierten en otros tantos puntos de referencia de los esfuerzos lusoespañoles para la conquista del océano Atlántico. El segundo es la "ruta de los alisios", que traza surcos permanentes para las carabelas de ayer y los transatlánticos y aviones de hoy. El juego de estos dos hechos explica las directrices transatlánticas peninsulares y el predominio en ellas de las tendencias que llevan a América Central y América del Sur, con preferencia a América del Norte. Este fenómeno aclara, por ejemplo, que fueran otras naciones (Francia e Inglaterra) las que llevaran a cabo la colonización de la mayor parte de Norteamérica.

Así pues, existen como líneas vertebrales de la tendencia americana de la Península las rutas Canarias-Antillas y Canarias-Brasil-Plata. En América, como más adelante analizaremos con más extensión, los centros de la expansión hispánica fueron las Antillas, México, Panamá, Perú, Brasil y Río de la Plata.

En cuanto a la costa occidental y meridional de África, las rutas que arrancan de Cabo Verde se dividen en dos ramas. Una, costera, es la del golfo de Guinea; otra, la de alta mar, corresponde al "contraalisio meridional", que llevó las naos portuguesas y españolas al Índico.

II. Geografía prehistórica hispana

8. PALEOLÍTICO INFERIOR. — Durante el Paleolítico Inferior, que se extiende desde los años 500 000 a 100 000, se desarrollaron en la Península las mismas culturas que en el resto de Europa y Norte de África. Se encuentran testimonios de las siguientes industrias: *abbevilliense* (antiguo chelense) y *achelense,* con hachas bifaciales como tipos característicos, y *clactoniense* y *levalloisiense,* con útiles de lascas. Estas industrias a veces se alternan y otras conviven. En la Península no se conocen restos humanos de estas épocas. En el *grupo cantábrico* se conocen algunos hallazgos sueltos y son importantes los niveles inferiores de la cueva del Castillo (Puente Viesgo, Santander), cuya estratigrafía de la totalidad del Paleolítico es una de las más completas de Europa. El *grupo central* procura el más notable conjunto de yacimientos del Paleolítico Inferior. Se encuentra en el valle del Manzanares, en los alrededores de Madrid (San Isidro, El Sotillo, Jarama, Vallecas,

Villaverde, etc.). Con este grupo central se puede relacionar el yacimiento de Torralba (Soria), que presenta una industria muy antigua, asociada con fauna cálida. El *grupo occidental* está formado por algunos hallazgos en las terrazas del bajo Miño (Coreço, La Guardia) y en especial los del bajo Tajo (Furninha, Peniche, Cascais), en los alrededores de Lisboa, que han sido los únicos de la Península objeto de un estudio sistemático. Muchísimos hallazgos dispersos, de importancia diversa, se reparten por la región *meridional* (La Janda) y *levantina* (Reus, Cova Negra).

En el transcurso del Paleolítico Inferior tuvieron lugar tres grandes glaciaciones (Gunz, Mindel, Riss), con sus correspondientes estadios interglaciares. En las épocas de glaciación la Península estaba sometida a un clima muy severo y el nivel de las nieves perpetuas bajaba 1600 y 1500 metros, siendo la fauna y la flora las correspondientes a un clima subártico (mamut, rinoceronte lanudo, reno, marmota, etc., tundra en toda la Península, excepto en la parte mediterránea). Durante las etapas interglaciares el clima oscilaba entre seco (desierto) y semitropical (sabana).

Coincidiendo con el último período interglacial y el principio de la cuarta glaciación (Würm) se desarrolla en el Occidente europeo el Paleolítico Medio, cuya principal cultura es el *musteriense* (100 000 a 50 000 a. de C.), evolución del levalloisiense con influencias de otras industrias del Paleolítico Inferior. Los cazadores musterienses pertenecían a la *raza de Neandertal,* de la que se han encontrado restos en Gibraltar, Cova Negra (Valencia) y Banyoles (Gerona).

9. PALEOLÍTICO SUPERIOR. — En un momento avanzado de la cuarta glaciación (Würm), que tuvo varias oscilaciones y hasta tres máximos de frío, ocurre la transformación étnica y cultural que llamamos Paleolítico Superior. Entre los años 50 000 y 25 000 llegaron a la Europa occidental, procedentes de Asia, los hombres de la raza Cromagnon, portadores de una nueva cultura, el *auriñaciense,* basada en una industria de hojas, frente a las anteriores, que tenían útiles de hachas y lascas. Una rama de los auriñacienses, los *gravetienses,* constituyó posiblemente el principal sustrato racial hispánico, que en esencia ha perdurado hasta nuestros días. Encima de este fondo étnico se superpuso la cultura *solutrense,* seguramente aportada por pequeñas bandas, que quizá llegaron de África. Sus útiles alcanzaron una talla perfecta. Después, un recrudecimiento del clima glacial facilitó la implantación de una nueva cultura, el *magdaleniense,* de utensilios de sílex más pobres comparados con los solutrenses, pero con grandes innovaciones en el trabajo del hueso, que son las que le dan carácter.

En el Paleolítico Superior, por orden de importancia, se pueden señalar tres grupos regionales: *cantábrico* (Castillo, El Pendo, Cueva Morin), *levantino* (Parpalló, Serrón) y *catalán* (Serinyà, Capellades).

Coincide en parte con los indicados grupos la extensión del *arte rupestre,* hecho notable en la Geografía histórica de la Península. El arte *francocantábrico* o *hispanoaquitano* comprende una serie de importantes estaciones, que en su mayoría se encuentran en el Norte y en especial en Vizcaya (Santimamiñe), Santander (Covalanas, Altamira, La Pasiega, Castillo, Las Monedas) y Asturias (Pindal, San Román de Candamo), con algunas curiosas extensiones hacia el Centro (Los Casares y La Hoz, en Guadalajara, y El Reguerillo, en Madrid) y el Sur (La Pileta y las Palomas, en Málaga). Comprende un ciclo completo de arte, con representaciones inspiradas en creencias de magia de la caza.

10. MESOLÍTICO Y NEOLÍTICO. — Durante el Mesolítico, período muy pobre en manifestaciones culturales, perduraron en la región atlántica, desde el Sur del Tajo al Bidasoa, una serie de pueblos epipaleolíticos, caracterizados por un género de vida humilde (pescadores y recolectores).

La pintura rupestre del grupo *levantino*, con temario diferente al del arte francocantábrico, nace, seguramente, en el Paleolítico Superior, pero su principal desarrollo lo alcanza en el Mesolítico. El arte levantino no es troglodita como el anterior, sino que se encuentra en abrigos rocosos, a plena luz, en los canchales de las sierras mediterráneas (Cogul, en Lérida; Alacón y Albarracín, en Teruel; Valltorta y La Gasulla, en Castellón; Dos Aguas y Cueva de la Araña, en Valencia; Alpera y Minateda, en Albacete).

No se apoya en ningún dato concreto la hipótesis que atribuye las pinturas levantinas a pueblos de origen africano, de cultura capsiense. Lo más verosímil es que sean obra de pueblos cazadores y recolectores (epigravetienses levantinos), que perduraron en las sierras levantinas y seguramente en el interior de la Península. Estas gentes vieron llegar a los primeros neolíticos (protoneolíticos) a las tierras bajas propicias a la agricultura. Poco a poco, bajo su influencia y colonización, se fueron asimilando hasta desaparecer.

Las primeras manifestaciones neolíticas peninsulares (con cerámica decorada y microlitismo geométrico, sin metal) se relacionan con el Norte de África y forman lo que se ha dado en llamar "círculo iberomauritano". Su área de expansión, iniciada en Almería, comprende el Mediodía (cuevas de Gibraltar, La Pileta y Hoyo de la Mina, en Málaga; de los Murciélagos de Albuñol y de La Mujer de Alhama, en Granada) y el Levante (cueva de la Sarsa en Bocairente, Valencia; cuevas de Montserrat, Barcelona). Tiene asimismo extensión hasta Portugal (Almonda, Extremadura).

11. ENEOLÍTICO. — En seguida llegaron del Próximo Oriente los pueblos introductores del metal (eneolíticos) que dan personalidad a la llamada *cultura de Almería*, por ser éste el punto probable de llegada y el lugar donde se ha encontrado el mayor número de poblados y necrópolis (El Garcel, la Gerundia y Tres Cabezos, a orilla del río Antas; Purchena; Los Millares, que es quizás la estación más importante; Almizaraque; Llano de la Atalaya, todas ellas en Almería y el Sur de Murcia).

Desde sus momentos iniciales esta cultura tiene una proyección levantina que llega hasta Solsona (Lérida) y La Bisbal (Gerona) en Cataluña (donde se pone en contacto con una cultura neolítica llamada de los "sepulcros de fosa", poco estudiada) y penetra hacia el interior por el valle del Ebro y sus afluentes de la derecha, llegando por el Jalón a la Meseta (fondos de cabaña de las orillas del Manzanares, Madrid). En esta cultura faltan los sepulcros megalíticos que se dan en abundancia en el resto de la Península en la misma época.

La aparición de los megalitos es contemporánea o algo posterior a la introducción de la metalurgia. Esta denominación comprende desde los grandes monumentos andaluces hasta las modestas cistas de las regiones más apartadas. Su reparto geográfico es el siguiente: desde la parte occidental de Almería, toda la región *andaluza*; el foco riquísimo de Portugal, con extensiones en tierras de Extremadura, Salamanca y Zamora; el grupo, también importante, de *Galicia,* con Asturias; el grupo *pirenaico*, que presenta tres subgrupos: *vasco, aragonés* y *catalán*. Esta zona se halla en estrecha relación con los grupos megalíticos franceses.

Algunos prehistoriadores pretendieron que la cultura megalítica era autóctona de la Península y que su nacimiento había que situarlo en la región de Lisboa. Lo probable es que esa técnica, procedente del Oriente mediterráneo, llegase a la Península en varias etapas, a través de Almería y del Mediodía francés.

12. EL VASO CAMPANIFORME Y SU EXPANSIÓN EUROPEA. — Formando un elemento cultural característico, acompaña a las civilizaciones megalítica y de Almería la técnica cerámica que ha recibido el nombre de vaso campaniforme. Aunque con lejanos antecedentes (cronológicos y geográficos) en las culturas del Próximo Oriente, hay que atribuir su esplendor a los antiguos ceramistas del grupo "ibero-mauritano", que partieron de una idea inicial traída por los recién llegados almerienses. Si bien se extiende por todos los puntos del país, hay que señalar cinco regiones donde los hallazgos son particularmente densos: *grupo de Carmona, grupo occidental* (particularmente en la región de Lisboa), *grupo de Almería, grupo de Ciempozuelos* (Madrid) y *grupo catalán.*

En este momento la Península es el centro transmisor de las primeras corrientes culturales mediterráneas hacia las costas occidentales y nórdicas de Europa. La causa se halla en el comercio del cobre y estaño. Seguramente llevado por comerciantes que se dedicaban a este tráfico, el vaso campaniforme conoció una expansión europea que a veces ha sido supervalorada. Fue adoptado por algunas poblaciones de las Islas Británicas y Europa Central y entró en contacto con cerámicas orientales llegadas por el camino del Danubio.

13. LA PENÍNSULA EN LA EDAD DEL BRONCE. — Poco después del año 2000, los hallazgos arqueológicos se hacen cada vez más pobres y cambia el cuadro cultural de la Península, tan brillante durante el Eneolítico. Sólo la región sudoriental continúa teniendo personalidad propia, que alcanza pleno carácter en la *cultura del Argar*, heredera de la almeriense, a la que sumó nuevos elementos de origen oriental. El área de extensión comprende más de la mitad de la Península: Ifre, Alcoy, El Vedat, Arbolí y Pontils, en la zona

levantina; Madrid, en la central, y Castropol, Golada, Ovidos, Évora y Castro Marim, en la occidental; pero su dominio estricto queda reducido al Sudeste.

De la última época de la Edad del Bronce se conoce un buen hallazgo en la ría de Huelva, muy importante para fijar los contactos exteriores (mediterráneos y atlánticos) y para la cronología de la *cultura de los talaiots* (en las Baleares). En ésta no se pueden negar las estrechas relaciones con las otras islas del Mediterráneo que tan claramente postulan sus peculiares monumentos.

Hacia la mitad del segundo milenio se sitúa el apogeo de la cultura del Bronce en el Noroeste (*cultura de los castros*) que tenía que perdurar hasta las invasiones célticas. La abundancia de oro y la riqueza que proporcionaba el comercio de metales, facilitaron la formación de una densa población, que se enterraba con sus ricas joyas (de tipo irlandés) en monumentos dolménicos. Éstos tienen grabadas *insculturas,* manifestaciones artísticas de tipo esquemático, estrechamente relacionadas con el resto de la cultura del Bronce del Oeste y Norte de Europa.

14. INVASIONES CÉLTICAS. — Dos fenómenos importantes caracterizan la Edad del Hierro peninsular: las invasiones célticas procedentes de Europa y las colonizaciones clásicas de los pueblos del Mediterráneo oriental.

Existen indicios de la entrada de pueblos protoindoeuropeos a fines del II milenio a. de C. Se han querido identificar con los ilirios e, incluso, con una rama de éstos, los ambrones. Este problema está en relación con la discutida existencia de una población ligur, en la Península, atestiguada por los textos (Hesíodo) y la toponimia, pero no por la arqueología, que nos muestra que los únicos contactos del Nordeste peninsular con el Norte de Italia remontan al Neolítico.

Para la escuela tradicional las invasiones célticas comienzan entre los años 900 y 800, en forma de sucesivas oleadas, que durarían hasta el siglo VI, la última de las cuales sería de un grupo de pueblos belgas. En el extremo opuesto, otra teoría admite un solo movimiento inmigratorio, que entraría en la Península a partir del siglo VIII. Aceptando una cierta complejidad, pero apartándose de la escuela tradicional, otra hipótesis señala la entrada de los elementos ilirios entre los años 1000 y 850; entre 850 y 650 penetrarían los pueblos agricultores de la "cultura de los túmulos" y de los "campos de urnas", armados por primera vez en la historia de España con fuertes espadas de bronce. A partir de la última de las fechas señaladas, cruzaría los Pirineos un importante grupo celta — el goidéltico —, cuyo principal horizonte de vida era la ganadería.

Las primeras invasiones tuvieron lugar por los pasos pirenaicos de Cataluña, Alto Aragón y Roncesvalles; pero las oleadas de la gran invasión del siglo VI penetraron únicamente por los pasos occidentales. Desde ellos, los celtas se difundieron en abanico hacia Galicia, Portugal, Meseta Sur y sistema Ibérico. Pasado algún tiempo, en esta última región se fundieron con la población autóctona, lo que dio lugar a las tribus llamadas celtibéricas.

Los pueblos célticos han dejado sus huellas en las estaciones arqueológicas denominadas hallstáticas y posthallstáticas. Son particularmente importantes las del Oeste y Centro de la Península (Las Cogotas, Osera, Monte Bernorio, etc.). En el Noroeste matizan el desarrollo de la cultura de los castros, que perdura durante mucho tiempo. En Cataluña, el paso del pueblo de los "campos de urnas" está atestiguado por sus necrópolis de incineración (Espolla, Agullana, Can Missert, etcétera).

La invasión céltica afectó profundamente a otros pueblos que ocupaban parte del territorio peninsular: los iberos. Hace años se pretendía presentarlos como una invasión africana, paralela a la de los indoeuropeos; pero actualmente esta idea está completamente descartada. No se les puede negar, sin embargo, una remota procedencia africana (cultura de Almería), aunque ya durante el II milenio, fundidos con las antiguas poblaciones descendientes de los paleolíticos (epigravetienses), hay que considerarlos como población autóctona de la Península. Precisamente a comienzos del primer milenio a. de C. estos pueblos forman en Andalucía un potente núcleo, denominado Tartessos por las primeras fuentes escritas orientales que se ocupan de la Península.

Los testimonios arqueológicos ibéricos, encontrados en necrópolis y poblados, consisten principalmente en ricas cerámicas pintadas, a base de las cuales se han fijado los siguientes grupos: *andaluz* (con estaciones como Carmona, Osuna y Peal del Becerro, y santuarios en Despeñaperros y Castellar de Santiesteban); *sudeste* (con poblados de cerámica especialmente rica, como Archena, restos escultóricos como la bicha de Balazote, el santuario del Cerro de los Santos y el poblado de la Alcudia, donde se encontró la famosa Dama de Elche); *levantino* (con numerosos poblados en la región de Valencia, el más importante San Miguel de Liria); *aragonés* (centrado en Azaila, muy denso en Calaceite y Mazaleón, llega hasta cerca de la costa en Tivisa); y el *catalán*, en relación con el anterior a través de los poblados del Segre, pero con características propias en la costa (Puig Castellar).

15. COLONIZACIONES PÚNICA Y GRIEGA. — Los primeros datos escritos acerca de las colonizaciones en España remontan al siglo XI, fecha legendaria de la fundación de *Gadir* (Cádiz), importante mercado de metales cerca del fabuloso imperio de Tartessos. Los *fenicios* se establecieron paralelamente a las costas de África (Hippo, Rusadir, Tingis, Lixus) y en las de Hispania (Abdera, Calpe, Sexi, Malaca). Además de las transacciones metalíferas, en estas factorías se elaboraba el *murex* (concha que da la púrpura para teñir tejidos) y se fabricaban salazones (los atunes son el símbolo que aparecen en las monedas de Cádiz). En la línea de navegación hacia el Estrecho y para controlar a los primeros navegantes griegos, los fenicios fundaron *Ebussus* (Ibiza) el año 654 a. de C.

La colonización sistemática del Extremo Occidente del mundo conocido por los griegos fue obra de los foceos, aunque había tenido precedentes calcidios y rodios, mal conocidos. Focea, ciudad de Asia Menor, excluida de Sicilia y de la Magna Grecia, fundó *Massalia* (Marsella) en la costa provenzal, *Alalia* en Córcega, *Emporion* (Ampurias) en la costa catalana, *Hemereskopeion* (Denia?) en la levantina, y *Mainake* (cerca de Málaga) en la andaluza. Otros establecimientos menores aseguraban las escalas en el camino hacia el Sur.

Al heredar Cartago en 575 la hegemonía de Tiro (destruido por Nabucodonosor), se produjo un momento de crisis para los púnicos, que facilitó un relativo esplendor a las colonias focenses. En 540 Ciro tomó la ciudad de Focea, muchos fugitivos de la cual se refugiaron en Alalia y Massalia dispuestos a establecerse en España. Cartago, previendo el peligro, estableció una alianza con los etruscos, y en 535, frente a Alalia, se dio la primera gran batalla naval del Occidente del Mediterráneo. Aunque Heródoto dice que los griegos vencieron, debió tratarse de una victoria pírrica, pues tuvieron que abandonar Alalia y todas las factorías del Sur y del Levante peninsular. Posteriormente, hacia el 500, massaliotas y ampuritanos se recuperaron. Entonces se fundaron una serie de ciudades en el golfo de León y en la Liguria y costa de España (*Alonis, Akra Leuke,* en Alicante, y Sagunto, ésta quizás sobre una población indígena). El equilibrio entre cartagineses y griegos se mantuvo así hasta las guerras púnicas.

16. PUEBLOS IBEROS Y CELTAS. — Después del siglo VI se reparten la Península dos razas distintas, iberos y celtas, que cuando se mezclan dan lugar a las poblaciones celtíberas. Gracias a las primeras fuentes clásicas conocemos muchos de los nombres de las tribus hispánicas en la época de la conquista romana. Su cuadro de repartición geográfica y de filiación étnica es el siguiente:

I. IBEROS

Nombre	Región
Turdetanos	Andalucía
Bastetanos	Andalucía-Murcia
Deitanos	Elche
Contestanos	Alicante
Olcades	Sistema Ibérico
Edetanos	Maestrazgo
Ilercaones	Ebro inferior
Cosetanos	Tarragona
Layetanos	Barcelona
Lacetanos	Vallés
Ausones	Vic-Gerona
Indigetas	Ampurdán
Ceretanos	Cerdaña
Ilergetas	Ebro-Segre
Iacetanos	Jaca
Astures	León y Asturias
Vacceos	Altiplanicie duriense
Vetones	Salamanca-Toledo
Carpetanos	Alcarria-La Mancha
Lusitanos	Extremadura
Oretanos	Sierra Morena

II. CELTAS

Nombre	Región
Galaicos lucenses	Galicia
Galaicos bracarenses	Norte de Portugal
Turmódigos	Castilla
Berones	Rioja
Germanos	Sierra Morena
Célticos	Sur de Portugal
Celtas	Serranías Penibéticas

III. CELTÍBEROS

Nombre	Región
Arevacos	Cuenca alta
Pelendones	del Duero
Lusones	Sistema Ibérico
Belli	
Titti	

IV. PREIBEROS

Nombre	Región
Vascones	País Vasco y Navarra
Cántabros	Santander
Cinetes	Algarve

17. CARTAGO EN ESPAÑA Y LA SEGUNDA GUERRA PÚNICA. — Las guerras púnicas entre Roma y Cartago corresponden a la mayor pugna entre dos potencias de la Antigüedad para el dominio del Mediterráneo occidental. Cartago había heredado de Fenicia su posición predominante en las aguas y costas de este mar, y contra tal situación luchó Roma, que acababa de unificar la Italia peninsular. Después de la primera Guerra Púnica (241 antes de J. C.), de la que resultó victoriosa Roma, Cartago perdió los importantísimos reductos isleños de Sicilia, Córcega y Cerdeña.

Para resarcirse, los cartagineses, bajo la dirección de la familia Barca, decidieron ampliar sus dominios en España, que por aquel entonces se limitaban al litoral andaluz. Amílcar Barca amplió este territorio hacia el Oeste y el Norte. En 226 Roma y Cartago firmaron un tratado estableciendo en el Ebro el límite máximo de la expansión púnica en la Península. Fue Aníbal quien completó esta dominación jurídica, haciéndola efectiva.

Aníbal desencadenó la segunda Guerra Púnica con su ataque a Sagunto (219) y su expedición contra Roma, cuyo itinerario se expresa en el gráfico, así como las memorables batallas de aquella campaña. La reacción romana se abatió sobre la Península desde el año 218. Después del fracaso de los primeros Escipiones, Publio Cornelio Escipión logró destruir el Imperio cartaginés en España después de la toma de Cartago-Nova, la batalla de Ilipa (206) y la conquista de Cádiz (205).

III. La España romana y visigoda

18. LA CONQUISTA ROMANA. — Roma intervino en la Península Hispánica a consecuencia de la segunda Guerra Púnica. La derrota de Cartago la indujo, como es lógico, a instalarse en el país;

pero esto no pudo realizarse sino a costa de tremendas luchas con los indígenas. A causa de la situación mediterránea de sus primeras bases, la conquista de Roma se efectuó desde el Este, lo que es un fenómeno único en la geografía histórica peninsular, pues las invasiones se han efectuado casi siempre desde el Norte o desde el Sur. Este hecho, junto con el apuntado, explica la lentitud y las dificultades con que operaron los romanos en la Península.

La conquista romana tuvo cuatro fases, que se reflejan en el gráfico correspondiente:

1.ª *Conquista del litoral mediterráneo y andaluz.* — Las operaciones desarrolladas por los Escipiones contra el dominio cartaginés en la Península proporcionaron a Roma, al final de la segunda Guerra Púnica, la posesión del litoral mediterráneo y Andalucía, las porciones más ricas y cultas del territorio peninsular. En 197 a. de J. C. este dominio podía considerarse consolidado.

2.ª *Conquista de los accesos a la Meseta.* — Durante medio siglo, del año 197 al 154 a. de J. C., los romanos abordaron los accesos a la Meseta partiendo de los valles del Ebro y del Guadalquivir. Su objetivo era enlazar ambas regiones en la Meseta Sur, a través de la brecha del Jalón. Esto provocó las primeras grandes luchas contra los celtíberos y Numancia.

3.ª *Conquista de la Meseta.* — La tercera fase es la más dura de la conquista romana, pues en ella las legiones han de vencer a los lusitanos y a los numantinos. El caudillo de los primeros, Viriato, triunfó de los invasores en el curso de sus victoriosas campañas (147-139); pero su asesinato hizo posible la adquisición de Lusitania por Roma. El último baluarte de independencia hispana en la Meseta fue Numancia, de la que se apoderó Escipión Emiliano, al cabo de dura lucha, en 133. Esta fecha es esencial en la vida peninsular, pues de ella arranca el período de romanización a fondo del país.

4.ª *Conquista de Galicia y el litoral cantábrico.* — Transcurrido un siglo, en época del emperador Augusto, se llevaron a cabo las últimas operaciones militares en la Península al objeto de someter a los pueblos galaico, astur y cántabro que aún resistían tras los escarpamientos del sistema Cantábrico. Estos núcleos fueron reducidos por un ataque en tres sentidos: *a)* Astorga-Galicia; *b)* Pajares-Asturias, y *c)* Reinosa-Cantabria. El general Agripa terminó la contienda el año 19 a. de J. C. Hispania pudo considerarse del todo pacificada.

Las Baleares fueron conquistadas el año 123 antes de J. C.

19. Hispania bajo Augusto. — En Hispania, Roma implantó el régimen provincial que había creado al anexionar Sicilia a su Imperio, después de la primera Guerra Púnica. La primitiva organización, fijada a poco de la derrota cartaginesa en el suelo peninsular, establecía dos provincias: la *Ulterior* (del lado de allá de Roma) y la *Citerior* (del lado de acá). El límite que las separaba partía de la costa a la altura de *Urci* (Almería), corría hacia el Norte hasta el Sur del *Saltus Castulonensis* (Despeñaperros) y luego se perdía por las estribaciones montañosas que separan Castilla la Nueva de Extremadura.

Cuando Augusto organizó los poderes imperiales después de la guerra civil que siguió a la muerte de César, dividiendo las provincias en *senatoriales* (confiadas al gobierno del Senado) e *imperiales* (dependientes del emperador por lo levantisco de su población), aplicó este nuevo régimen a España en el siglo 27 a. de C. La Bætica, con capitalidad en *Corduba* (Córdoba), incluía la parte meridional de la antigua Ulterior, desde el Guadiana al Mediterráneo; por su población y cultura fue provincia senatorial. Eran imperiales, en cambio, la Lusitania, con capital en *Emerita* (Mérida), provincia organizada el año 29 antes de J. C. por Agripa con la porción septentrional de la Ulterior, y la Tarraconensis (capital, *Tarraco*: Tarragona), correspondiente a la antigua provincia Citerior, más Galicia. En esta provincia existieron campos legionarios, establecidos para dominar el país, en *Pisoraca, Legio, Asturica* y *Bracara*.

Dentro de las provincias se crearon conventos jurídicos, de carácter judicial. Los de la época de Augusto eran los siguientes:

Baetica: *Hispalensis, Cordubensis, Gaditanus* y *Astigitanus*.

Tarraconensis: *Carthaginensis, Tarraconensis, Caesaraugustanus, Cluniensis, Asturum, Bracarensis* y *Lucensis*, cuyas capitales eran *Cartago Nova* (Cartagena), *Tarraco* (Tarragona), *Caesaraugusta* (Zaragoza), *Clunia* (Coruña del Conde), *Asturica* (Astorga), *Bracara* (Braga) y *Lucus* (Lugo).

Lusitania: *Scalabitanus, Pacensis* y *Emeritensis*, con capital en *Scalabis* (Santarem), *Pax Julia* (Beja) y *Emerita Augusta* (Mérida).

El hecho geográfico más notable de esta división es la desmembración política de la Meseta. En cambio, se dibujan bastante bien: Andalucía, Galicia, León-Asturias, Castilla la Vieja, Aragón, Cataluña-Valencia, Extremadura y Portugal.

20. Hispania en el Bajo Imperio. — Con la romanización, la Península adquirió rasgos que han repercutido a lo largo de su historia. Entre ellos, el más significativo es la unificación política del territorio *(Diócesis hispanensis),* incluyendo en el mismo las Baleares y las regiones marroquíes.

Esta organización política la llevó a cabo Diocleciano, el estructurador político del régimen del *Dominado* (Bajo Imperio), a fines del siglo III. Diocleciano multiplicó el número de provincias y las agrupó en *Diócesis* y *Prefecturas*. La Diócesis de Hispania, dependiente de la Prefectura de la Galia, constaba de siete provincias: la Bætica y la Lusitania, cuyos límites eran muy semejantes a los que tenían antes; la Tarraconensis, reducida a la cuenca del Ebro, pues de ella se segregaron la Gallaecia (creada en 216 por Caracalla con los conventos Bracarensis, Lucensis y Asturicum) y la Carthaginensis; la Mauritania Tingitana y la Balearica. Esta última, cuya capital radicaba en *Pollentia* (Pollensa), fue agregada a Hispania por el emperador Teodosio, a fines del siglo IV.

Por otra parte, Roma proporcionó a Hispania otro factor geográfico de unidad: una magnífica red de carreteras. Las calzadas romanas responden a las grandes líneas de la invasión y, al mismo tiempo, a las más importantes vías naturales de la Península. Construidas por el Estado, con todos los adelantos de la técnica de la época, representan un elemento considerable de relación comercial y militar. La más importante era la *Vía Augusta*, que, procedente de la Galia, unía Tarraco con Cartago Nova. A partir de ella se disponía la red de comunicaciones, con centros en *Caesaraugusta, Asturica, Bracara, Toletum, Emerita* e *Hispalis*.

21. EVANGELIZACIÓN DE LA PENÍNSULA. — La evangelización de la Península es un complemento de la acción romana en Hispania, una manifestación local de la difusión de la doctrina de Cristo por el Imperio a través de Roma. Después de las primeras misiones apostólicas (Santiago en la Hispania Ulterior; San Pablo, en la Citerior), la doctrina divina tuvo como base de arraigo en el solar hispano sus regiones más romanizadas (el litoral levantino y la Bética) y como centros secundarios de difusión las poblaciones establecidas a lo largo de las grandes calzadas militares y económicas.

Las primitivas iglesias cristianas en la Península organizáronse territorialmente según los marcos administrativos y tribales fijados por Roma, y las diócesis reprodujeron con bastante fidelidad las *civitate* hispanorromanas. En la nomenclatura, en el idioma y aun en el aparato jurídico, la Iglesia reflejó las directrices emanadas de la Ciudad Eterna.

El espíritu de Roma, una vez desintegrado el Imperio, perduró por la Iglesia católica. De la misma manera que los obispos de Roma, desaparecido el poder de los Césares, mantuvieron las esencias tradicionales del romanismo, así en la Península el *defensor civitatis* garantizó, en la descomposición del Bajo Imperio y durante las invasiones, la continuidad del orden jurídico y espiritual del Imperio.

Por otra parte, los hispanos aceptaron el Cristianismo como elemento inseparable de su vida espiritual. Los mártires, Osio, el reducto sevillano de cultura católica (San Isidoro), la conversión de los visigodos, el espíritu predominante en los momentos más duros de la Reconquista, indican la robustez de tal sentimiento. Las persecuciones desencadenadas por los emperadores contra el Cristianismo repercutieron profundamente en Hispania. Las más duras corresponden al siglo III: *a)* la de Decio, en 250, *b)* la de Valeriano, en 257, y *c)* la de Diocleciano, en 303.

22. INVASIONES GERMÁNICAS. — Las invasiones germánicas en la Península Hispánica constituyen la repercusión, en el confín occidental de Europa, del gran desplazamiento de pueblos que tuvo lugar a consecuencia de la invación de los hunos en las llanuras rusas, procedentes de Asia. Los primeros pueblos germánicos que atravesaron los Pirineos en este momento — pues a mediados del siglo III hubo en la Tarraconensis la invasión de los francos bagaudas — fueron los suevos, vándalos y alanos, los cuales, entre los años 409 y 411, asaltaron la Meseta desde los pasos occidentales de aquella cordillera. Los movimientos y lugares de establecimiento de tales pueblos aún no están bien definidos. No obstante, parece ser que al cabo de algunos años los *suevos* predominan en la zona

norteoccidental de la Península, al lado de unos grupos de *vándalos asdingos*; los *alanos* ocupan la mayor parte de la Lusitania y el Oeste de la Cartaginensis; y los *vándalos silingos*, después de merodear por el país, se afincaron (411) en Andalucía, aunque por escaso tiempo, pues bajo Genserico, pasaron el estrecho de Gibraltar para establecerse en la actual Túnez.

23. EL IMPERIO DE EURICO. — Los visigodos, afincados como aliados de Roma en la Aquitania, penetraron en la Península como auxiliares militares del Imperio de Occidente, a fin de expulsar del país a sus hermanos de raza. Sin embargo, durante todo el siglo V su núcleo político estuvo en la Galia. Su capital fue Tolosa, y desde allí dominaron hasta el Loira. Bajo Eurico, (466-484) llegan a constituir un imperio pirenaico, que comprende desde el Loira a sierra Morena, y engloba, además, Provenza. Fuera de su dominio en la Península Hispánica quedan Andalucía, el reino de los suevos, los cántabros y los vascones.

Pero el imperio visigodo no pudo resistir la ofensiva desencadenada por los francos. A consecuencia de la derrota sufrida por Alarico II en *Vouglé* (Poitiers) (507), los visigodos tuvieron que renunciar a la Galia y replegarse a sus dominios peninsulares. Sólo la *Septimania* quedó como glacis de su frontera al otro lado de los Pirineos.

24. EL REINO VISIGODO HISPANO. — El reino visigodo establecido en España sufrió una grave crisis a mediados del siglo VI. No sólo mantuvieron su independencia los suevos, cántabros y vascones, sino que hubo otras regiones que no consiguieron someter: la *Sabaria,* en el Duero, y la *Oróspeda,* de localización mal definida, pero que en general se sitúa en el corazón de los macizos béticos. Por otra parte, a causa de la política de restauración romana emprendida desde Constantinopla por el emperador Justiniano, los bizantinos se establecieron en el Mediodía de la Península a cambio del apoyo prestado al rey Atanagildo en sus luchas contra Agila (549-554).

La consolidación del reino visigodo en la Península Hispánica es obra de Leovigildo (573-586). Con gran vigor emprendió la unificación peninsular: recuperó parte del dominio bizantino, incorporando a su reino en 571 la región cordobesa; conquistó el reino suevo (584) y el territorio de los cántabros y astures, y aun parte de los vascones, como indican las flechas del gráfico. También puso fin a la vida autónoma de los territorios de Sabaria y Oróspeda.

La expulsión de los bizantinos tuvo lugar bajo Sisebuto (612-621), a partir del año 616. La conquista de Ceuta *(Septum),* en 618, dio al reino visigodo el dominio del estrecho. En 624, durante el reinado de Suintila, los vascones fueron también sometidos, y de esta manera se efectuó la restauración completa de la antigua Hispania romana.

Las provincias visigodas fueron un remedo de las romanas. Eran las siguientes: *Septimania, Iberia* (casi la antigua Tarraconensis), *Aurariola* (la Cartaginensis), *Autrigonia* (correspondiente a la región rebelde del Norte), *Asturia, Galecia, Lusitania, Hispania* y *Bética,* estas dos últimas división de la antigua Baetica.

IV. La invasión musulmana y la hegemonía del Islam

25. LA CONQUISTA MUSULMANA. — La fulgurante expansión árabe desde su suelo patrio, tuvo extraordinaria repercusión en la historia de la Península, que durante varios siglos no sólo se iba a convertir en campo de batalla entre la Cristiandad y el Islam, sino en sede de uno de los Estados musulmanes más importantes.

La conquista de la Península Hispánica por los musulmanes se desencadenó a comienzos del siglo VIII, después de haber sido rechazados los primeros intentos que los ejércitos del Islam realizaron en los últimos tiempos de la monarquía visigoda (hacia 680). Tarik fue el afortunado caudillo que inició la empresa en 710 y obtuvo sobre el rey Rodrigo el resonante triunfo del Guadalete (711). Ante la arremetida del victorioso invasor, al que se añadieron las fuerzas de Muza, el reino visigodo desmoronóse con excepcional rapidez. En el gráfico se indican las rutas de la campaña de Tarik y la de Muza. Los dos caudillos actuaron a veces juntos, como en la obtención de la nueva y decisiva victoria de Segoyuela (¿713?). La caída de *Tolaitola* (Toledo) en 711 dio a los árabes el dominio de la Meseta Sur; la de Zaragoza, en 714, la de la Tarraconense (valle del Ebro); y la de León y Astorga, en el mismo año, la de la Meseta Norte. El emir Abdelaziz, sucesor de Muza, completó el dominio del Mediodía en las campañas que realizó en 714 y 715.

Los cristianos mantuvieron su independencia en la zona montañosa de Asturias, Cantabria y los Pirineos, aunque los pasos de esta cordillera sirvieron hasta mediados del siglo VIII de puertas de invasión a Francia. Después de la reacción franca, acaudillada por Carlos Martel (batalla de Poitiers, año 732), los musulmanes sólo conservaron la Septimania al otro lado de los Pirineos. Por otra parte, hasta fines del siglo VIII las Baleares continuaron perteneciendo al Imperio bizantino. Existieron, además, núcleos cristianos que conservaron su autonomía como vasallos del Islam: los principales fueron el reino de *Teodomiro*, en el Sudeste, y el territorio de *Ajuán,* al Sur de la desembocadura del Duero. Más tarde, las luchas civiles que debilitaron el poder del Emirato, permitieron a los primeros reyes astures llevar la frontera de su Estado al Duero.

La primitiva organización de las provincias musulmanas en la Península recuerda la división romana del Alto Imperio: *Al-Andalus* (Baetica), *Mérida* (Lusitania y Gallaecia), *Tolaitola* (Carthaginensis) y *Sarakusta* (Tarraconensis).

26. LA RECONQUISTA: GEOPOLÍTICA. — La Reconquista es el proceso bélico por el cual los cristianos expulsaron a los musulmanes del suelo de la Península Hispánica. Durante este largo período (ocho siglos), los caracteres geográficos de la Península determinaron en gran parte el mecanismo general de avance hacia el Sur de los ejércitos cristianos, así como el desarrollo territorial de los Estados que se formaron a consecuencia del mismo. Los principales factores a tener en cuenta en este proceso son los siguientes:

a) Dirección general Norte-Sur de la Reconquista, con los puntos de partida en los núcleos de resistencia cántabroastures y pirenaicos.

b) Marcha paralela de la actividad reconquistadora de estos núcleos (concepción medieval cristiana de cooperación ante el Islam).

c) Correlación de los pasos de los sistemas montañosos de la Meseta, que facilita el despliegue hacia el Mediodía de las bandas territoriales portuguesa, leonesa y castellana.

d) Estructuración de la Meseta en líneas de resistencia y zonas intercaladas de "terreno de nadie", que permiten verificar rápidas progresiones de línea a línea.

e) Orientación oblicua del Sistema Ibérico, que, con los Pirineos, determina la estructura triangular del territorio más favorable para la Reconquista pirenaica. Este factor motiva el establecimiento de la línea de menor resistencia hacia el Sudeste, hacia el mar, y, por consiguiente, dirige la salida de los impulsos de Aragón y Cataluña hacia la franja litoral mediterránea.

f) Dificultad de la ascensión de los núcleos del Ebro hacia la Meseta, tanto por las condiciones naturales de la poderosa barrera del Sistema Ibérico como por la reacción paralela de los centros de la Meseta.

g) Fracaso general de los intentos laterales de expansión de los núcleos cristianos, a causa de su proximidad relativa y de la dificultad de las relaciones ya entre los altos valles pirenaicos, ya en el declive de la Meseta hacia el Mediterráneo.

27. LA RECONQUISTA: CRONOLOGÍA. — En la marcha cronológica de la Reconquista se observa un notable fenómeno: en una fecha dada, las líneas de ocupación cristiana señalan una inflexión hacia el Norte en la zona mediterránea. O sea, que los territorios conquistados por los Estados cristianos de la Meseta es extienden mucho más hacia el Sur que los sometidos por los reinos pirenaicos en el mismo período histórico.

Este hecho está determinado, de una parte, por los factores geográficos que hemos examinado antes, y de otra, por las características especiales de la dominación musulmana en la Península.

Transcurridas las primeras etapas de la invasión, el dominio árabe tendió a estabilizarse en una zona de máximo interés económico y político. Los invasores se situaron en las regiones más fértiles del suelo peninsular, tanto en la costa (huertas del bajo Ebro, de Valencia y de Murcia) como en los valles del interior (vegas del Ebro medio, del bajo Duero, del Mondego, del Tajo, del Guadiana y del Guadalquivir). Además, la importancia de los pasos del Pirineo oriental determinó que el interés de los musulmanes se concentrara en la conservación de un corredor que permitía fructuosas expediciones de rapiña en el Mediodía de Francia. De aquí la tenacidad y la firmeza con que supieron defender estas dos zonas: las agrícolas y el corredor catalán, que sólo fue cedido cuando su posesión se convirtió, con los Carolingios, en un problema europeo. Por lo tanto, los hechos políticos reforzaron en este aspecto el carácter de los hechos geográficos: fuerte oposición en el Levante peninsular (línea de resistencia musulmana Zaragoza-Lérida-Tarragona, con un frente avanzado hacia Huesca y un punto de apoyo a retaguardia:

Tortosa); resistencia más débil en la Meseta Norte (línea más avanzada: Astorga-León-Amaya).

Nos encontramos, pues, ante un retraso de los núcleos pirenaicos en la marcha emprendida por los cristianos hacia el Mediodía de la Península. Este retraso posibilitará la expansión de los reinos de la Meseta hacia el Mediterráneo (Valencia, Murcia). En este sentido, son muy expresivas las líneas cronológicas correspondientes a los años 1086 y 1238. Por las causas aludidas anteriormente, en 1086, mientras los castellanoleoneses llegan a la línea Mondego-Tajo, los catalanoaragoneses aún no han podido salir de sus reductos pirenaicos. En 1238, éstos logran expugnar Valencia. Pero Castilla ya ha avanzado más allá de Córdoba, y Portugal acaba de llegar al mar por Tavira.

28. EL EMIRATO INDEPENDIENTE Y EL REINO DE LEÓN. — En 756, Abderrahmán I había establecido el Emirato independiente (respecto al Califato abbasí de Bagdad). El nuevo régimen de la España musulmana, que había de durar hasta 929, presentó los mismos caracteres de inestabilidad que se manifestaron durante los primeros cuatro lustros del dominio del Islam, a causa de la tendencia cantonalista de los gobernadores de las provincias y de la oposición racial y religiosa de gran parte de la población. Estos hechos explican la constitución de una *república aristocrática en Tolaitola* (875-932) y el éxito de la *insurrección del renegado Omar-ben-Hafsum, en la Alta Andalucía* (844-917).

La necesidad de centralizar el poder ante estos hechos motivó el establecimiento de una serie de *provincias* en los primeros tiempos del Califato. En general, los musulmanes consideraban dividida la Península en tres regiones, orientadas de Norte a Sur: *Al-Garb* (tierra occidental), *Al-Musata* (tierra de en medio) y *Al-Xarq* (tierra oriental). Cada una de ellas comprendía cierto número de provincias, que fijó Alhakem II, sucesor de Abderrahmán III. En el mapa reproducimos las existentes en el reinado de este califa. En conjunto se ha de notar el hecho, geográfico, humano e histórico a la vez, que las provincias del Sur y del Este eran más pequeñas y numerosas que las del Centro y del Oeste.

Al Norte de la línea fronteriza entre la Cristiandad y el Islam, fijada en tiempo de Alfonso III, prosperan poco a poco los Estados cristianos. La zona dominada por éstos es más extensa en la Meseta que en los Pirineos. Aquí existen de Este a Oeste los siguientes núcleos: la *Marca Hispánica*, compuesta por los condados catalanes, rescatados de los musulmanes por las armas de Carlomagno a fines del siglo VIII y principios del IX, y que en esta época forman parte del Imperio carolingio; los condados de *Pallars, Ribagorza, Sobrarbe y Aragón*, abiertos en los reducidos límites de los valles pirenaicos; y el *reino de Navarra*, que empieza su desarrollo en esta época. En la Meseta, bajo Alfonso III, florece el *reino de León*, que comprende, además de su cuna asturiana, los territorios de Galicia, León, Castilla y Bardulia. La verdadera línea fronteriza se halla en el Duero, cuyos pasos están defendidos por las fortalezas de Zamora, Toro y Simancas. Más al Sur se extiende una zona despoblada, *Extremadura*, teatro de frecuentes luchas, y el territorio de *Portugal*, que Alfonso III arrebató al Islam al llevar sus armas hasta el Mondego. Más tarde, este territorio se volvió a perder.

29. EL CALIFATO DE CÓRDOBA. — Por espacio de cuatro siglos, del VIII al XI, los musulmanes poseyeron no sólo la porción mayor del territorio hispano, sino además la más próspera, rica y culta. La España del Califato de Córdoba reproduce, con la excepción de la zona norte levantina, estructuras políticas anteriores muy consistentes (primera época del dominio romano, reino visigodo del siglo VI).

Por consiguiente, en el referido momento histórico el sujeto esencial en la Península es la zona musulmana y no la cristiana. Desde el punto de vista del gobierno de Al-Andalus, los núcleos cristianos del Norte eran unos grupos irreductibles y levantiscos, a los que era preciso hacer frente con una organización militar adecuada: establecimiento de un sistema defensivo fronterizo (fronteras inferior, media y superior), operaciones de castigo (expediciones militares o simples razias), e intervención en su vida política interior (proteccionismo, vasallaje económico, fomento de luchas intestinas, etcétera).

El Califato cordobés durante la época de Abderrahmán III y Alhakem II señala el punto culminante de tal sistema. Los reinos cristianos se ven reducidos a los mismos trances difíciles de sus primeros días de existencia. Las expediciones de los ejércitos califales debilitan sus recursos y energías. Ninguno de ellos se libra de las acometidas musulmanas, que se realizan en cinco direcciones generales: de la orla portuguesa a Galicia o León; del sistema Central al Duero Medio; de Medinaceli a Castilla; de la depresión del Ebro a Navarra, y de la franja levantina a Cataluña. Así se comprueba en el estudio de las campañas de Abderrahmán III y Almanzor que se esquematizan en el gráfico.

Otro interés encierra la España musulmana del Califato. Nos referimos a la propagación de su influencia por el Norte de África, siguiendo tendencias anteriores que ya hemos indicado y que tendrán nueva confirmación en los siglos siguientes. En esta dirección, la política de Al-Andalus es también algo particularmente hispano.

30. DISGREGACIÓN DEL CALIFATO. NAVARRA Y CASTILLA. — El Estado militar creado por Abderrahmán III y llevado a su máximo desarrollo por Almanzor se desmorona a la muerte de éste. Falto el poder central de personalidades vigorosas, prevalecen en Al-Andalus las tendencias disgregadoras que antes ya se habían apuntado. Así surgen los REINOS DE TAIFAS, cuyos territorios se ajustan a las modalidades del relieve peninsular. En la zona fronteriza se constituyen los reinos de *Badajoz* (Alfasíes), *Toledo* (Dunnunies) y *Zaragoza* (Beni Hud). El primero comprende parte de la antigua Lusitania; el segundo, la Meseta inferior, y el último, gran porción de la cuenca del Ebro. En la zona levantina se multiplicaron los pequeños taifas, sin grandes fuerzas: los de *Albarracín y Alpuente*, encastillados en el corazón del sistema Ibérico; el de *Valencia*; el de *Denia*, al que *Mochéid* proporcionó un efímero imperio marítimo; y el de *Murcia*. La disgregación aumentó en Andalucía: los Tochibíes

se instalaron en *Almería;* los Ziríes en *Granada;* los Hamudíes en *Málaga;* Ben Chahuar en *Córdoba* y Beni Birzel en *Carmona.* El más brillante de estos reinos del Sur fue el de *Sevilla,* que bajo los Abbadíes absorbió a muchos de los ya citados.

Al Norte de la línea fronteriza alcanza especial esplendor entre los ESTADOS CRISTIANOS el de *Navarra,* que bajo Sancho el Mayor (1000-1035) parece aspirar a la hegemonía entre ellos. En efecto, no sólo ha ampliado considerablemente su territorio con la Rioja, Vasconia y Aragón, sino que incluso Castilla se halla bajo su inmediata influencia. Pero a su muerte, el nuevo reino castellano da pruebas de gran vitalidad; *Fernando* I prescinde de la tutela navarra, incorpora León y Galicia, y reconquista terreno sobre los musulmanes; llevando otra vez la frontera al Mondego. La división de su herencia en los territorios de Castilla, León y Galicia es un hecho efímero, aunque responde a la formación histórica de los Estados de la Meseta.

V. La hegemonía cristiana

31. LA ÉPOCA DEL CID. — Ante la disgregación del Califato de Córdoba, el reino leonés parecía ser el destinado a recoger los frutos de una resistencia de tres siglos. Pero no fue él el elegido; ni tampoco el navarro, que había conseguido formar un poderoso Estado en Vasconia, la faja pirenaica y la Rioja. Fue *Castilla,* tierra de algarada, puerta de dos caminos de invasión, que se alzó con una política capaz de organizar la nueva lucha, en contraste con las concepciones tradicionales de leoneses y navarros.

Esta fue la misión constructiva de Castilla durante la Reconquista: por un lado, unificar la Meseta (Fernando I, Sancho II, Alfonso VI) y proteger su flanco oriental (luchas contra Navarra); por otro, la Reconquista, en dos direcciones: hacia Levante (ruta de Zaragoza y de Valencia, seguida por Alfonso VI y el Cid) y el Mediodía (Coimbra-Santarem, Coria, Toledo, Aledo); y por último, organizar la frontera contra los musulmanes: Toledo, Aledo y Valencia fueron los tres baluartes que explican el éxito cristiano ante los almorávides, a pesar de descalabros importantes, como los de Sagrajas (1086) y Uclés (1108).

La obra de Castilla se manifestó aún más pujante en otros aspectos, tales como en el nuevo espíritu de su derecho y de su cultura y en la nueva tónica de la lucha contra los musulmanes (política de convivencia del Cid).

En resumen, la época del Cid, correspondiente a la segunda mitad del siglo XII, se caracteriza por los siguientes hechos: *a)* en la Meseta se afianza Castilla como poder hegemónico, aunque persisten las tendencias disgregadoras, como la que origina la formación del condado de Portugal; *b)* la conquista de Toledo (1085) traslada la zona de batalla de la Meseta Norte a la Sur, y *c)* la reacción del Islam con los almorávides detiene por algunos siglos el derrumbamiento del poder de los musulmanes en la Península.

32. ALMORÁVIDES Y ALMOHADES — La reacción del Islam a fines del siglo XII fue motivada por el desarrollo en el corazón del Sáhara de la secta de los *almorávides,* que reclutó sus miembros en las tribus de lamtunas y sanhayas. A partir de mediados del siglo X, los almorávides se expansionaron con fanática energía: por el Sur alcanzaron el Sudán y por el Norte África Menor, donde instalaron su capitalidad. Llamados por los musulmanes hispanos, cruzaron el estrecho de Gibraltar en 1086, y después de varios triunfos militares sobre los cristianos consiguieron rehacer la unidad política del Islam en la Península Hispánica.

La segunda oleada africana se desencadenó a mediados del siglo XII, cuando el poder de los almorávides se había debilitado y los reyes cristianos — Alfonso VII, en particular — reanudaban sus acometidas contra el Sur peninsular. Los almohades, oriundos de la región occidental del Atlas, ocuparon Fez y Marruecos, y desde este núcleo suplantaron a los almorávides en África Menor. En 1146 pasaron a España, cuya porción musulmana dominaron hasta la batalla de las Navas de Tolosa (1212).

La consideración de la rápida fortuna de estos pueblos africanos hace aún más sobresaliente la sabia actitud de un Abderrahmán III al crear, como ya hemos visto, un glacis de seguridad en la región del Atlas, que dominaba por Fez los caminos del macizo montañoso y las rutas hacia el Mediterráneo y el Atlántico, y por Seyelmesa los senderos del desierto. Poseer el control del Estrecho y de los pasos africanos que conducen al mismo ha sido una de las necesidades políticas más constantes en la historia de la Península.

33. LOS ESTADOS PIRENAICOS. — El carácter montañoso del territorio, el proceso general de la Reconquista, y en Cataluña, además, el establecimiento de la organización feudal, favorecieron el desenvolvimiento del "cantonalismo" en los Estados pirenaicos.

Sin embargo, este fenómeno fue superado con relativa rapidez. En Cataluña, la acción unificadora fue ejercida por Barcelona, Gerona y Vic. Los condados correspondientes a las tres primeras ciudades constituyeron un bloque territorial inseparable, solidario de los intereses del linaje condal de Barcelona y de la idea de la primacía de su marquesado. Desde este núcleo, los condes de Barcelona procedieron poco a poco, a la unión de los condados restantes y a la prosecución de la obra de Reconquista. Hacemos notar que esta misión liberadora se vio reforzada por el establecimiento de una fructífera colaboración entre los condados de Barcelona y Urgel, que facilitó la lucha contra los musulmanes, la defensa de Cataluña ante una posible expansión aragonesa, y, además, completó el sentimiento de unidad del país catalán.

En los Pirineos occidentales, el núcleo unificador primitivo fue Navarra, que en determinados momentos ejerció plena soberanía hasta el condado de Ribagorza (Sancho el Mayor). No obstante, su acción fue restringida por la expansión castellana y por las tendencias particularistas del reino aragonés, aparecido en la cuenca superior del río Aragón. Los condados de Sobrarbe y de Ribagorza pasaron a depender de este núcleo. El condado de Pallars osciló mucho tiempo entre las influencias de Aragón y de Barcelona. En todo momento, las actuaciones integradoras viéronse contrariadas por la dificultad de las comunicaciones entre los valles pirenaicos, cuyos nudos básicos de relación (Zaragoza y Lérida) estaban en poder de los musulmanes.

La Reconquista se vio detenida durante muchos años por la solidez del sistema de defensa de los musulmanes del Ebro. Por un lado, el núcleo zaragozano con Tudela y Huesca como puntos avanzados; por otro, el triángulo Lérida-Tarragona-Tortosa; entre ambos, relaciones eventuales de auxilio o de aspiraciones expansivas. Esto explica la lentitud de la progresión de los avances cristianos, y que los esfuerzos conquistadores se concentraran en la cuña del Cinca y de los ríos Noguera Pallaresa y Ribagorzana. Allí confluyeron las tendencias de Aragón y del condado de Barcelona, cuya infiltración entre los condados de Ribagorza, Pallars y Urgel por debajo de la línea del Montsec (Camaràsa-Pilzán) es uno de los hechos más notables de la Reconquista pirenaica.

34. LA UNIÓN DE CATALUÑA Y ARAGÓN. —

El siglo XII registra un hecho fundamental para la evolución de los Estados pirenaicos: la unificación política de las cuencas media y baja del Ebro con el andén litoral catalán (1137). Aragón y Cataluña tenían una tendencia coincidente: la de conquistar la depresión del Ebro desde los afluentes pirenaicos de este río. El impulso dado a la Reconquista por Alfonso el Batallador, que tomó la posición clave de Zaragoza en 1118, amplió el territorio de Aragón más allá del curso del Ebro, hacia los valles del Jalón y del Jiloca. Inevitablemente, el Estado aragonés había de pretender deslizarse siguiendo el cauce del río y, por lo tanto, dominar la región entre el Cinca y el Segre. En este lugar se habría producido, quizá, una zona de fricción entre Aragón y los condados catalanes. Pero la persistencia de la actitud castellana de descender hacia el Mediterráneo por el Ebro, o, por lo menos, de apoderarse del núcleo central de la cuenca media de este río (expedición de Alfonso VII a Zaragoza en 1134), motivó la estructuración de Aragón y Cataluña en una unidad política, que tuvo como directrices esenciales la defensa de la cuenca del Ebro y la ofensiva contra los musulmanes del Sur de Cataluña.

El éxito coronó los esfuerzos hechos en ambos sentidos: por un lado, mantúvose Aragón fuera del ámbito castellano: por otro, Fraga, Lérida y Tortosa cedieron a la fuerte presión catalanoaragonesa, y el Ebro fue ya libre hasta el mar (1148-1149).

El artífice de esta política fue Ramón Berenguer IV. También él inició una acción clara respecto al Mediodía de Francia. Entonces se establecieron tres puntos posibles de estructuración del país en beneficio de un futuro Estado pirenaico: los grupos provenzales, central (Narbona, Carcasona, Beziers, Montpelier) y occidental (Bearn). Iníciase también una política de cerco respecto a Tolosa (alianza angloaragonesa), al objeto de romper la resistencia de este condado. Con su actitud negativa, Tolosa acabará por arruinar los proyectos ultrapirenaicos de la Corona de Aragón, pero al mismo tiempo verá hundirse sus propias aspiraciones hegemónicas en el Mediodía de Francia.

Navarra continúa siendo la cuña opuesta a la total unificación de la depresión ibérica. Ni los tratos diplomáticos de Aragón con Castilla, ni las acciones militares, ni las alianzas, pudieron reducir su resistencia.

35. EL IMPERIO PIRENAICO CATALANOARAGONÉS. —

La fuerza disgregadora de los Pirineos vuelve a ser comprobada en este gráfico, que registra la expansión ultrapirenaica de la Corona de Aragón en tiempos de Alfonso II y Pedro II (de 1162 a 1213). Observemos que si Navarra y Cataluña logran formar estados encabalgados a ambos extremos de los Pirineos, se debe a la existencia de buenas puertas de comunicación laterales (Roncesvalles, Portús). La falta de pasos centrales eficientes perjudicó todo intento de unificación de las cuencas del Ebro y del Garona. A pesar de esta acción aisladora de la montaña, la Corona de Aragón emprendió la ingente tarea de unir en su núcleo estatal la vertiente septentrional de la cordillera. Tal tendencia, junto con la actuación hacia la franja litoral lenguadociana y provenzal, constituye lo que se llama expansión ultrapirenaica u occitana de Cataluña-Aragón. El punto de partida general de ambos movimientos radicó en el glacis de Rosellón-Cerdaña.

Los primeros síntomas de tal dirección expansiva los hemos ya rastreado durante el período visigodo, árabe y carolingio. El Estado catalanoaragonés siguió con mayor tenacidad estas orientaciones, a causa de la similitud de lengua y cultura entre Cataluña y el Lenguadoc.

He aquí los períodos de esta política: a) Los primeros condes de la casa de Barcelona la iniciaron confusamente a mediados del siglo X; b) se vigoriza y afirma en pleno siglo XI (casamiento de Ramón Berenguer I con Almodis de La Marche y adquisición de los condados de Carcasona y Rasés en 1066); c) cobra amplio vuelo con la unión de Cataluña y Provenza en 1112-1131 y 1166-1196, en tiempo de Ramón Berenguer III y Alfonso II, respectivamente; y d) decae y queda arruinada en el siglo XIII, después de la batalla de Muret (1213) y del tratado de Corbeil (1258), firmado entre Jaime I y Luis IX de Francia.

En esta expansión, la tendencia ultrapirenaica de Aragón-Cataluña chocó con la resistencia de Tolosa. Fracasaron todas las tentativas para reducirla o superar su acción obstructora, y ello impidió la organización eficiente del predominio catalanoaragonés en aquella región. Excepto en el último instante, cuando se desató la amenaza directa del país de Oil sobre el de Oc, la política de Tolosa y de Barcelona marchó pocas veces de acuerdo, haciendo imposible el Imperio lenguadociano de caballeros y trovadores.

36. LA ÉPOCA DE ALFONSO VII. —

La época de Alfonso VII (1126-1157) representa, después de la del Cid, la segunda gran tentativa de Castilla de expulsar el Islam de la Península y de organizar ésta bajo su propia hegemonía. Los territorios de aquel monarca incluían los reinos de Castilla, León, Galicia y Toledo; pero fue ampliada, más allá de la frontera con el Islam en 1120, con las conquistas de Coria (1142) y de gran parte de Castilla la Nueva, hasta Baeza y el Alto Guadalquivir. También hay que incluir en sus vastos propósitos la expedición a Almería, que le reportó el dominio de esta ciudad y territorio circundante entre 1147 y 1157.

12

Por otra parte, Alfonso VII recogió la herencia de sus antecesores y se convirtió por un motivo u otro, en señor de los demás reyes peninsulares. Así eran vasallos suyos: el rey de *Portugal*, el de *Navarra* y el conde de *Barcelona* (como rey de Aragón), entre los Estados cristianos; y los de *Valencia* y *Murcia*, entre los musulmanes. Por esta causa, en sus empresas halló gran colaboración de los demás reyes (por ejemplo, la flota catalana de Ramón Berenguer IV participó en la expugnación de Almería). Alfonso VII quiso expresar esta hegemonía — que luego se demostró fugaz — revistiéndose con el título de *Emperador* en León, en 1135. Incluso su influencia alcanzó, al otro lado de los Pirineos, el condado de Tolosa.

La tenaz arremetida de los almohades a partir de 1151, la muerte de Alfonso VII y la división de su herencia en los dos reinos de León (Fernando II) y Castilla (Sancho III), disiparon los sueños que Castilla había concebido bajo su gran monarca.

37. LA RECONQUISTA EN EL SIGLO XIII. — Los tiempos estaban maduros para la gran empresa. El intento almohade de salvaguardar el Islam en la Península había fracasado, tánto por la firme defensa cristiana, como por la diferente idiosincracia de musulmanes africanos y musulmanes hispanos. Los Estados cristianos del Norte habían terminado su reorganización. Tres núcleos de ofensiva habían quedado constituidos: el *portugués*, el *castellano* y el de la *Corona de Aragón*. Navarra, cerrada entre Aragón y Castilla, sólo pudo participar de modo indirecto en los episodios decisivos de la Reconquista.

En los tres frentes de ataque los cristianos profundizan con una rapidez relativa asombrosa. En un siglo arrebatan a los moros las zonas más importantes de su dominación. La batalla de las Navas (1212) refleja el momento crucial de la lucha. Los resultados de la famosa victoria obtenida por Alfonso VIII de Castilla, Pedro II de Aragón y Sancho el Fuerte de Navarra sobre los almohades, fueron beneficiosos para todos los reinos cristianos. Portugal ocupó el Alemtejo meridional y el Algarve; León, Extremadura; Castilla, Andalucía y Murcia; la Corona de Aragón, Valencia. Los musulmanes quedaron reducidos a las defensas naturales del sistema Penibético, organizadas por el triángulo Málaga-Granada-Almería.

En la Meseta, el gran artífice de la Reconquista fue Fernando III (1217-1252). Él unió definitivamente los reinos de León y Castilla (1230), y por esta causa pudo aplicar con mayor empuje las fuerzas de ambos territorios al logro del objetivo común: la expulsión del Islam. Las principales etapas de su avance hacia el Mediodía las señalan las conquistas de *Córdoba* (1236), *Murcia* (1243), *Jaén* (1246) y *Sevilla* (1248). Fernando III quiso también llevar sus armas a África del Norte; pero la muerte le vedó realizar esta empresa.

La debilidad del Islam después de la derrota de las Navas, de que tanto se benefició Fernando III, no fue menos aprovechada por su ilustre contemporáneo, Jaime I de Aragón, quien llevó a cabo la completa reconquista del Levante peninsular entre 1229 y 1250.

La conquista de las Baleares (1229-1235) procuró a Cataluña su glacis de seguridad marítimo, y es preciso tener muy en cuenta que fueron los municipios marítimos catalanes los que tuvieron más interés en empujar el monarca hacia esta dirección. La conquista de Valencia fue la prosecución lógica de la expansión de Aragón y de Cataluña hacia la franja levantina peninsular (conquista de Valencia, 1238). Al llegar esta expansión a Murcia, choca con la tendencia castellana hacia el Mediterráneo. Murcia fué en aquel momento una zona inestable, y quizá una decisión personal, como la que arriesgó más tarde Jaime II, hubiera superado factores geográficos e históricos. Pero Jaime I cedió en aras de la cooperación peninsular ante el Islam.

Así, a pesar de los precedentes del tratado de *Tudilén de 1151*, concertado entre Alfonso VII y Ramón Berenguer IV, que atribuía a Aragón la reconquista del reino de Murcia, menos Lorca, Jaime I aceptó por el de *Almizra de 1244* la confirmación, con ligeras variantes, del tratado de *Cazola de 1179*, firmado por Alfonso VIII y Alfonso II, que fijaba los futuros límites meridionales de sus respectivos Estados en el puerto de Biar. Años más tarde, en época de debilidad castellana, Jaime II de Aragón obtuvo de Fernando IV, por el *tratado de Agreda de 1304*, que Alicante, con Busot, Elche, Villena y Orihuela, fueran incorporados a su corona.

En 1291 Castilla y Aragón establecieron en el río Muluxa el límite de sus zonas de expansión e influencia en el Norte de África (*tratado de Monteagudo*).

VI. Cultura y economía medievales

38. PAPEL CULTURAL DE LA PENÍNSULA. — Durante el Medioevo la Península Hispánica fue un foco transmisor de cultura, sin duda uno de los más importantes de Europa hasta el florecimiento de la Italia renacentista. Los caracteres singulares con que se desarrollaron las invasiones bárbaras (germanismo e Islam) en la Península, no sólo permitieron que se conservaran en sus regiones más romanizadas poderosos rescoldos de la cultura clásicocristiana, sino que, además, el suelo hispano fuera la fecunda zona de contacto entre el mundo oriental y la civilización cristiana de Occidente. A través de España pasaron durante la Edad Media intensas corrientes ideológicas, que provocaron profundas transformaciones en el modo de pensar y de ser del hombre europeo.

Un ejemplo de ello es San Isidoro, el gran compilador visigodo del siglo VI, cuya obra enciclopédica, al influir en los centros culturales de Irlanda y del Loira, había de contribuir al renacimiento carolingio y a la conservación de la cultura clásica y cristiana en Italia y Alemania. Otros ejemplos los encontramos en las escuelas pirenaicas del siglo X, de donde procedía la ciencia de un Gerberto (el papa Silvestre II); en el colegio de traductores de Toledo del XII y del XIII, a través del cual prendió en las Universidades de Europa el estilo del primer renacimiento científico: aristotélico, matemático y astrológico; y en la magna figura de Alfonso X el Sabio, paralela a la de las más gloriosas personalidades del pensamiento occidental en el siglo XIII. Y aún recogeríamos muchos otros en Salamanca y en el Levante peninsular, donde Ramon Llull, el primer filósofo que escribió en lengua vulgar, aunaba la cultura y la acción, y se convertía él mismo en agitado realizador de sus especulaciones doctrinales.

39. ARTE MEDIEVAL PENINSULAR. — Al iniciarse la Edad Media hallamos en la Península el *arte visigodo,* derivación empobrecida, aunque con el empleo de nuevos elementos (el arco de herradura), del gusto clásicocristiano. Sus principales monumentos se hallan hoy al Norte del Duero y en Cataluña (San Juan de Baños, Santa Comba de Bande, San Pedro de Nave y Terrassa).

Al sobrevenir la invasión musulmana, el arte de los cristianos aparece desdoblado en dos grupos. Uno es el del *arte asturiano* (siglos VIII-XI), con supervivencias de lo visigodo e influjos de la arquitectura oriental cristiana. Sus monumentos aparecen en Asturias: San Julián de Prados o Santullano, San Miguel de Linio, Santa Cristina de Lena, San Salvador de Valdediós, Santa María del Naranco, etc. En cuanto al *arte mozárabe* es el que desarrollaron los grupos de cristianos sometidos al Islam y que luego se trasladaron a las monarquías del Norte. Su influjo fue muy considerable, incluso en la evolución del románico. En territorio musulmán sólo se conocen los restos de Bobastro y de Santa María de Melque; en el cristiano, los de San Miguel de Escalada, San Cebrián de Mazote, Santiago de Peñalba, Santa María de Lebeña, San Millán de la Cogolla y San Baudel de Beranga, entre muchísimos otros de menor interés.

Los monumentos del *arte musulmán* en la Península son de extrema importancia. Resaltan los de Córdoba, Medina Azara, Sevilla, Lebrija, Granada, Toledo y Zaragoza.

La difusión del *arte románico* se efectuó, en particular, por el "camino de Santiago", ruta de las peregrinaciones del Occidente de Europa a Compostela. Sin embargo, los primeros monumentos aparecen en los Pirineos: en Cataluña (San Martín de Canigó, San Pedro de Roda, claustros de Gerona, catedral de la Seo de Urgel, monasterio de Ripoll, iglesias de Cardona, Terrassa y Barcelona) y Aragón (en particular, la catedral de Jaca). En la Meseta los principales restos se hallan en los famosos cenobios de Silos y Sahagún, en la iglesia de San Martín de Frómista y en San Isidoro de León. Restos románicos jalonan las ciudades fronterizas: Zamora, Toro, Soria, Segovia, Ávila y Salamanca. La culminación del románico español se halla en la catedral de Santiago, meta de las peregrinaciones.

El primer período del *arte gótico* tiene notables monumentos en las catedrales de Gerona, Barcelona, Tarragona, Lérida, Tortosa, Morella, Valencia, Palma de Mallorca y Ciudadela, todas del grupo catalán. En el occidental, los edificios culminantes corresponden a las catedrales de Ávila, Burgos, León, Toledo y Salamanca. Cenobios edificados en esta época con características típicas los hay en Cataluña (Poblet y Santes Creus),

Aragón (monasterio de Piedra) y Castilla (Santo Domingo de la Calzada, Oña).

En el último período del arte gótico se pueblan de catedrales las ciudades del Sur: Sevilla, Granada, Jerez, Almería, Murcia y Orihuela, entre otras obras secundarias. A la misma época pertenecen algunas seos del Norte: Oviedo, Astorga, Segovia y Huesca.

En el panorama arqueológico del arte hispano medieval ejerce gran influencia la línea fronteriza correspondiente a los siglos IX, X y XI. Al Norte de ella existe el núcleo compacto de los estilos cristianos; al Sur, se diluye lo musulmán.

40. COMERCIO MEDIEVAL. — Durante los siglos XI, XII y XIII las grandes rutas marítimas del comercio europeo eran las del Mediterráneo (comercio oriental) y la del Báltico-mar del Norte (Hansa, ferias rusas: Novgorod). Las rutas continentales más importantes unían, a través de los Alpes, los puertos del Mediterráneo con los de la Hansa alemana por el Ródano, el Rin y los afluentes del Danubio. En relación con este sistema, la situación excéntrica de la Península reducía su valor, en particular por lo que se refiere a sus regiones de la fachada atlántica. Pero a partir del año 1300 se estableció la ruta atlántico-mediterránea, basada en el tráfico de la lana, el trigo y los tejidos. Castilla entró de lleno entonces en el gran comercio internacional, al que contribuyó con una importantísima exportación lanera.

A partir del siglo XIV, al lado de los comerciantes catalanes, que negocian con el litoral del mar del Norte y del Báltico y las ciudades del interior de Alemania, figuran los mercaderes castellanos. Éstos concurren a las ferias del Sena, de la Champaña y del bajo Rin, establecen allí sus consulados y mantienen un floreciente intercambio con aquellas regiones y también con Inglaterra y Escandinavia. La marina portuguesa y la de los puertos del Cantábrico, compiten en el Atlántico con los navegantes italianos, que buscan nuevos mercados para sus producciones o se limitan al tráfico de "cargo". La base del comercio castellano con el Noroeste estriba, a grandes rasgos, en la exportación de materias primas (hierros, lanas, cueros, azogues, vinos, aceite y otros productos agrícolas) o manufacturadas (aceros y cordobanes), y en la importación de manufacturas especializadas (paños, telas, estofas).

El comercio hispano con el Norte de Europa desarrolla la aptitud marítima de los pobladores del litoral atlántico y los prepara para afrontar las necesidades que derivarán de los grandes descubrimientos oceánicos.

41. COMERCIO CATALÁN EN EL MEDITERRÁNEO. — He aquí la vertebración económica de la política de la Corona de Aragón en el Mediterráneo en la baja Edad Media. La red de las relaciones económicas de Cataluña precedió casi siempre la acción de sus monarcas en los países mediterráneos.

Señalamos la intensidad del comercio catalán en la cuenca del Mediterráneo occidental, teniendo en cuenta que sólo hemos cartografiado las ciudades en que Barcelona designaba cónsules y las principales vías de comunicación. Provenza, Cerdeña, Nápoles y Sicilia mantienen un constante intercambio de productos con Cataluña, que, en esquema, importa esclavos, materias primas y alimenticias (trigo, coral) y exporta productos manufacturados (tejidos, metales, cueros, coral). Sus principales competidores son Génova y Marsella.

Más allá de la cuenca del Mediterráneo occidental hallamos otras grandes rutas marítimas catalanas. La del Adriático, hasta Venecia, que pone en contacto la Península con lugares reputados entonces exóticos (Hungría, Dalmacia, Bulgaria). La de los confines mediterráneos, con una rama hacia Constantinopla y otra hacia Alejandría, en busca de los productos del Extremo Oriente (sederías, especias, metales nobles y piedras preciosas).

Esta expansión comercial va acompañada de un notable nivel técnico (escuelas cartográficas catalanomallorquinas) y de una excelente organización jurídica (Consulado de Mar y su legislación). Gran número de las ciudades costeras del Mediterráneo occidental adoptaron las leyes y las instituciones marítimas elaboradas o compiladas en Cataluña y Valencia.

VII. Los siglos XIV y XV

42. LA PENÍNSULA EN LA ÉPOCA DE LOS TRASTÁMARAS. — Después de las grandes campañas de reconquista de mediados del siglo XIII, la Península alcanza otra fase de equilibrio político, caracterizado por la presencia en ella de cinco Estados. De éstos, Navarra y Granada sólo son reliquias de la estructura anterior: *Granada* es un residuo musulmán y *Navarra* una esperanza imperial malograda. *Portugal* y la *Corona de Aragón* realizan en esta época las tendencias expansivas de la Península hacia el Atlántico y el Mediterráneo, respectivamente.

Castilla, mientras tanto, desarrolla una política continental, plenamente peninsular. En el transcurso de los siglos XIV y XV derrocha algunas veces sus energías en objetivos secundarios e insignificantes: luchas intestinas, cambios de dinastía, revueltas interiores con participación de elementos extranjeros. Pero en otras ocasiones, por el contrario, sus tendencias son muy significativas, especialmente sus intentos de llegar al Mediterráneo y al Atlántico por Valencia y Lisboa (campañas de Pedro I contra Pedro IV de Aragón; infiltraciones de Enrique II y Juan I en Portugal). Tales intentos, como los que efectúa paralelamente sobre Navarra y Granada, no tienen resultados territoriales positivos a causa de la resistencia con que tropiezan.

En este aspecto, pues, Castilla reproduce su acción integradora, que no sólo se traduce en el terreno militar, sino en la política matrimonial y en la colaboración en las mismas empresas de aragoneses y portugueses. Todo ello contribuye a crear un ambiente especial, cuyos máximos representantes serán los Trastámaras. Esta dinastía, salida de un bastardo de Alfonso XI, se estableció en Castilla en 1369 y en la Corona de Aragón en 1412 por el Compromiso de Caspe. Durante su época, sus tentativas de entronizarse en Portugal fallaron a causa del desastre de Aljubarrota (1385) y sus intentos sobre Granada sólo lograron la recuperación de Antequera (1410) y Gibraltar (1462). De este modo, las llaves del Estrecho estuvieron en

poder de dos Estados cristianos: Castilla y Portugal. Los días de Granada estaban contados.

43. RELACIONES INTERNACIONALES DE LA PENÍNSULA EN LOS SIGLOS XIV Y XV. — A partir de la guerra civil que entronizó los Trastámaras en Castilla y coincidiendo con la lucha entre Francia e Inglaterra llamada de Cien Años, los Estados peninsulares inician una activa política exterior. La *Corona de Aragón* se inclinó, a causa de su política pirenaica y mediterránea, a favor de Inglaterra y en contra de Francia. Con Inglaterra se relacionó a través de sus próximas posesiones de Guyena, y más de una vez prestó apoyo a Granada. En cambio, *Castilla* se alió con Francia y la ayudó con las armas durante su lucha contra su rival. Inglaterra intervino varias veces en territorio castellano, so pretexto de restablecer los derechos de las hijas de Pedro el Cruel. Pero esta acción fue efímera y sólo sirvió para obtener algunas ventajas familiares.

En el transcurso del siglo XV se desarrolló el sistema de relaciones internacionales de los reinos peninsulares establecido en la centuria anterior, sobre todo a causa de la trepidante acción política de la Corona de Aragón en Italia y de su tentativa de crear un equilibrio de fuerzas en Occidente. Aparecieron así dos bloques diplomáticos: el *castellano-francés* y el *aragonés*. El primero servía de columna vertebral al haz de fuerzas centrado en París (Provenza, Génova, Venecia y Escocia). El segundo respondió a la necesidad de oponer un dique a los designios hegemónicos de Francia en Occidente. Por esta causa la diplomacia catalanoaragonesa unió a su lado los reinos y estados que amenazaban los franceses: Nápoles, Milán, Borgoña, Inglaterra y Navarra. En 1469 se registró un cambio sensacional de alianzas: la Corona de Aragón y Castilla se enlazaron con la boda de sus príncipes herederos.

44. ANJOU Y ARAGÓN EN EL MEDITERRÁNEO. — Desde el comienzo del siglo XIII se había producido en el Mediterráneo un hecho trascendental: el eje Alemania-Papado, que se había mantenido como base general de la política europea desde los siglos X al XIII, se rompe por la cuestión vidriosa de Nápoles y Sicilia. La decadencia de las ideas teocráticas y la no viabilidad de un imperio germanizado en el Mediterráneo (Federico II), dieron lugar a la formación de un vacío, de una zona de inestabilidad y de absorción hacia Italia de otras potencias.

El núcleo de Provenza, apoyado por Francia, empieza a actuar con Carlos de Anjou (ayuda güelfa). Pero poco después, las fuerzas expansivas de Cataluña-Aragón acuden en auxilio de los gibelinos de Nápoles y Sicilia, que se resistían al dominio francés. A consecuencia de la lucha, Pedro III de Aragón conquista Sicilia (1282) y se opone a Francia y al Papado.

Todas las condiciones políticas adversas son superadas por el tesón de Pedro III de Aragón y la energía mancomunada de catalanes y aragoneses: campo alejado de la zona de lucha, sin poder contar con el punto de apoyo de las Baleares (Jaime de Mallorca, aliado de Francia); coacción espiritual (anatema pontificia); presión francesa sobre

Cataluña, con las puertas de invasión libres por la defección de Jaime de Mallorca, señor de Rosellón y Cerdaña. Pero el año 1285 ve la derrota, por mar y por tierra, de los ejércitos invasores.

El resultado esencial de la lucha iniciada aquel año, que se prolongó hasta 1302 (paz de Caltabellota), muerto ya Pedro el Grande, fue la obtención por la Corona de Aragón del control de los pasos centrales del Mediterráneo (Sicilia), punto de referencia para toda la evolución posterior.

45. Los ALMOGÁVARES. — Las campañas de la Compañía catalanoaragonesa de almogávares en Oriente tuvieron lugar en el mismo marco geográfico de los grandes hechos de la Antigüedad. Combatió la Compañía en los comienzos de su expedición en defensa del glacis de seguridad del Imperio bizantino (Asia Menor), amenazado por los turcos; después, desde Gallípoli, en aventura arriesgada, hacia la consecución de unos ideales propios (ducados de Atenas y Neopatria).

La expedición de los almogávares se efectuó en unos países que caen muy cerca de los límites geográficos de las posibilidades mediterráneas de la Península. Es por esta causa que la Corona de Aragón no poseyó directamente, a excepción de un breve período de tiempo posterior a los hechos de armas de los almogávares, los territorios que lograron conquistar sus guerreros y sus navegantes. Por otra parte, como quiera que Constantinopla y los Estrechos constituyen una magnífica puerta para el comercio con el Extremo Oriente y un mercado de importancia universal, los venecianos, genoveses y pisanos habían ya ocupado en dichos lugares las principales posiciones comerciales y estratégicas.

Queremos hacer observar, además, que la expedición de catalanes y aragoneses a Oriente representa el primer choque de los pueblos peninsulares con los turcos. Los campos de batalla entre ambos pueblos se trasladarán cada vez más hacia Occidente, a medida que vaya estableciéndose el predominio político de los turcos en el Mediterráneo oriental.

La tentativa de Fernando de Mallorca para crearse un principado independiente en la Morea obedece, también, a hechos políticos considerables. Morea es una de las bases estratégicas más importantes del Mediterráneo oriental, y domina, por otra parte, con Sicilia, la entrada del Adriático. En este sentido, la empresa de Fernando de Mallorca es un precedente de la política que desarrollará en aquellos mismos lugares la monarquía española del siglo XVI.

46. POLÍTICA DE INTEGRACIÓN MEDITERRÁNEA. — La expansión de la Corona de Aragón en el Mediterráneo hasta el último tercio del siglo XIV no había respondido a un plan imperialista, hasta el punto que los monarcas ni tan sólo habían llegado a mantener la indisolubilidad de los dos glacis de seguridad de Cataluña y Valencia: el continental (Rosellón) y el marítimo (Baleares). Durante mucho tiempo la política mediterránea de la Corona de Aragón se satisfizo con establecer unos puntos de un futuro poderío, dispersos allende el mar, con la única tendencia de conservar una dirección central de marcha (diagonal insular). Pero desde

la segunda mitad del siglo XIV, se observa, coincidiendo con la madurez de la Corona de Aragón, un cambio fundamental en la visión de los problemas continentales y mediterráneos.

Esta política arranca ya de Jaime II (aspiraciones a la reincorporación de las Baleares y de Sicilia), y tiene sus figuras más relevantes en las personas de Pedro el Ceremonioso y de Martín el Joven. Se puede definir como política de reintegración y de unificación, o sea vertebración y nueva estructura de la política continental y del imperio mediterráneo.

En el campo del Mediterráneo se reanexionan las *Baleares* en 1343 (conquista que trae aparejada la de los condados de *Rosellón* y *Cerdaña*); se consolida la posesión de *Cerdeña* (1409) y se intenta ocupar Córcega (a pesar de la dura oposición de Génova). Se conquista *Sicilia* (1392) y se agrega a las posesiones reales los ducados de *Atenas* y de *Neopatria* (1380-1390). La política que se establece en este momento será consubstancial con la figura geopolítica del Mediterráneo durante tres siglos (diagonal Baleares-Cerdeña-Sicilia), hasta las paces de Utrecht y de Rastatt (1713-1714).

Provenza, Génova y Nápoles son, durante esta época, los principales centros de oposición a la política expansiva de Cataluña.

47. POLÍTICA DE LOS TRASTÁMARAS EN EL MEDITERRÁNEO. — La actuación mediterránea de los reyes Trastámaras en la Corona de Aragón responde a la directriz que predominaba desde fines del siglo XIV, o sea, el robustecimiento y defensa del mundo catalanoaragonés ultramarítimo. La prosecución de esta política se realiza en parte durante el reinado de Fernando el Católico, con la ayuda de fuerzas castellanas, cuya intervención decisiva en los asuntos mediterráneos es reflejo de la unidad monárquica creada por los Reyes Católicos. Es en esta época, asimismo, que por vez primera se puede hablar de un concepto imperial claro en la política mediterránea de la Corona de Aragón (Alfonso V).

Señalaremos, en primer lugar, la continuación de la política de garantizar la "ruta de las islas". Las luchas contra Génova por Córcega y contra Francia por Nápoles, terminan con la conquista definitiva de este último reino en 1443. Años más tarde, entre 1505 y 1510, las conquistas de Orán, Argel, Bugía y Trípoli, y la sumisión de Tremecén y Túnez, realizan la eficacia de la zona de influencia aragonesa de 1291 y determinan la protección de la expansión catalanoaragonesa en la costa de África Menor.

Las conquistas de Trípoli y Nápoles, junto con la posesión de Sicilia y Malta, permitieron a España el establecimiento definitivo del sistema de defensa del Mediterráneo occidental ante el peligro turco, que se empieza a experimentar en estos momentos (conquista de Constantinopla, ataque y conquista de Albania, toma de Otranto en 1480, amenazas sobre Sicilia).

VIII. La época de los Reyes Católicos

48. LA ESPAÑA DE LOS REYES CATÓLICOS. CONQUISTA DE GRANADA. — La unión de las Coronas

de Aragón y Castilla mediante el matrimonio de Fernando e Isabel, herederos, respectivamente, de aquellos dos reinos, se efectuó en 1479, cuando a la muerte de Juan II de Aragón aquel príncipe entró a reinar en esta monarquía. Aunque la unificación subsiguiente a tal enlace fue simplemente monárquica, representa, sin duda, el paso más firme para la formación de un solo Estado peninsular, en el que se reunieran las capacidades políticas, económicas o culturales desplegadas por los distintos territorios peninsulares en la Edad Media. Desde el punto de vista de la Geografía histórica, la época de los Reyes Católicos aporta al mapa de la Península una simplificación considerable, que irá en aumento en los siglos posteriores.

Las consecuencias políticas inmediatas de la unión de Castilla y Aragón demostraron su innegable oportunidad y razón de ser. Desapareció el reducto musulmán y Navarra fue incorporada (1512), como resultado de la suma de las tendencias castellanas y aragonesas que se orientaban en tal sentido. La política mediterránea recibió el incremento necesario en el instante decisivo de la aparición de los turcos en el Mediterráneo occidental y de la renovación de las apetencias francesas sobre Italia. La actuación atlántica pudo asentarse sobre bases continentales firmes y un Estado poderoso. Finalmente, España contó con las condiciones básicas para desarrollar una política europea eficaz.

Entre los grandes hechos a que se vincula la fama de los Reyes Católicos, figura en primerísimo lugar la conquista del último reducto musulmán en la Península: el reino nazarí de Granada. La supervivencia de este Estado islámico se debía, de un lado, a las querellas intestinas que en los reinos cristianos habían hecho olvidar la obra de la Reconquista; y de otro, al carácter accidentado del territorio granadino. Éste comprendía casi todo el sistema Penibético; se relacionaba entre sí por la ruta natural de las fosas penibéticas (Vélez Rubio-Baza-Guádix-Granada-Loja), y mediante los puertos del Mediterráneo podía recibir ayuda de los musulmanes de África.

Estas mismas condiciones explican la prolongación y dureza de la lucha que emprendieron los Reyes Católicos para conquistar el reino de Granada (1480-1492). Los primeros años no fueron del todo afortunados (derrota de Loja, 1482); pero después de la victoriosa acción de Lucena (1483), en la que Boabdil cayó prisionero de los castellanos, la empresa avanzó con éxito creciente. Hasta 1486 las operaciones principales se concretaron a la región occidental de Granada (Ronda, 1485; Loja, 1486). Luego siguió la fuerte y triunfal arremetida contra Málaga, que cayó en 1487. Asegurado de este modo el flanco occidental, los Reyes Católicos se adueñaron en los años sucesivos de la región oriental (Baza, Guádix, Almería, 1489). El Islam quedó reducido a la zona inmediata de Granada y las Alpujarras, hasta que a principios de 1492 la tenacidad de don Fernando y doña Isabel logró su objetivo final con la rendición de la ambicionada ciudad de la Alhambra, meta de ocho siglos de Reconquista.

49. CAUSAS DE LOS DESCUBRIMIENTOS. — En las últimas décadas del siglo xv y primeras del siglo xvi se realizó el más formidable esfuerzo para la ampliación del ecumene. Causas de orden material y moral contribuyeron a determinar esta tendencia, que iba a llevar a España a la completa realización de su destino histórico.

Algunas de estas causas son de origen general. En primer término, los incentivos. A) *Económico*. La organización económica de la Europa del siglo xv había desarrollado el espíritu de lucro y con él el deseo de dominar los mercados y las especias, el incienso, la seda y el oro, materias básicas del gran comercio de aquella época. El afán de enriquecerse con rapidez inducía a substituir a los árabes como intermediarios del tráfico de mercancías entre Oriente (la India y el país de las Especias) y Occidente, mucho antes que los turcos bloquearan en beneficio propio los puertos de Egipto y de Siria. B) Al lado del incentivo económico, el *religioso;* el deseo de alcanzar la fabulosa tierra del Preste Juan, de encontrar el Paraíso Terrenal y de convertir a los salvajes al Cristianismo, como reflejo del espíritu de Cruzada y de Catolicidad del Medioevo. C) Asimismo, el incentivo de la *aventura,* despertado por las narraciones de los más inverosímiles viajes y por los mitos prodigiosos de ignoradas tierras (Eldorado), que son divulgados por la imprenta y aceptados por la sociedad coetánea.

El hombre del Renacimiento es el *sujeto* de los descubrimientos, y sin comprenderlo falta el elemento esencial, el motor de los mismos. El Renacimiento crea un tipo de hombre particular: independiente, libre, de fuerte personalidad, creador del espíritu de empresa, de la aventura heroica y gloriosa y del gran capitán a estilo antiguo; que rompe los marcos intelectuales, sociales y geográficos de la Edad Media; que acepta el peligro por la fama, el renombre y el provecho personal que pueden reportarle.

Finalmente, *las posibilidades*. Los progresos técnicos (cartografía, construcción marítima, brújula, bastón de Job) corren parejos con los adelantos en las concepciones geográficas. El mundo de Tolomeo, geógrafo alejandrino del siglo II, cuyas concepciones se estudiaban entonces con ahinco, tenía una distribución equivocada de los continentes y océanos (la prolongación oriental de Asia con la consiguiente "absorción del Pacífico"). Esto permitía fomentar ilusiones sobre nuevas rutas, que la realidad irá destruyendo o desvirtuando (rutas del Sudeste y del Oeste hacia las Indias). En el gráfico se ha superpuesto al mapa del cartógrafo alemán Martín Behaim de 1492 a uno de nuestros días, lo que demuestra que era fácil equivocarse sobre la posibilidad de llegar a la India por Occidente con más rapidez que por la ruta de Oriente.

50. LOS VIAJES COLOMBINOS. — He aquí la visión gráfica de los viajes de descubrimiento de Cristóbal Colón, verificados de acuerdo con los siguientes itinerarios:

PRIMER VIAJE (1492-1493): Palos de Moguer, Canarias, travesía del Atlántico, Guanahaní o San Salvador (descubrimiento de América), Cuba, Haití (Santo Domingo), Azores, Lisboa, Palos.

SEGUNDO VIAJE (1494-1495): Cádiz, Madera, Canarias, Guadalupe, Marigalante, Haití, Jamaica, Cuba.

TERCER VIAJE (1498-1499): Sanlúcar, Canarias, Bocas del Orinoco, Trinidad, Costa de Paria, Haití.

CUARTO VIAJE (1502-1503): Canarias, Haití, costa de América Central (de Guatemala al golfo de Urabá), Jamaica, Haití.

Estos itinerarios revelan ·la disconformidad del rumbo seguido en el primer viaje y tercer viajes colombinos respecto al natural (*rumbo de los alisios*), que se utilizó en el segundo y cuarto. Este hecho responde, en el primer caso, al plan de Colón de cruzar el Atlántico desde Canarias, siempre al Oeste, hasta las que él llamaba "Islas de las mares oceánicas"; en el segundo caso, se debe a la creencia de que, hacia el Sur, hallaría la buscada India, cuyas características geográficas y culturales no concordaban con las de las tierras que hasta entonces había descubierto.

Fijemos también otro hecho: Colón no quiso reconocer que había llegado a un continente nuevo, desconocido de la Geografía antigua. En su cuarto viaje se empeñó en situar en el litoral de América central los accidentes que sus lecturas le indicaban en Malasia e Insulindia.

51. LAS GUERRAS DE ITALIA. — Durante el reinado de los Reyes Católicos, la política mediterránea de España — herencia de la Corona de Aragón — obtuvo uno de sus más brillantes éxitos con la conquista del reino de *Nápoles*, lograda por los ejércitos acaudillados por el Gran Capitán en el transcurso de la campaña de 1503-1504, en lucha contra los franceses, que también ambicionaban aquel territorio (herencia de la política de Carlos de Anjou).

Convertida España en potencia italiana, tuvo que intervenir en los conflictos políticos de la península central del Mediterráneo. Fueron Carlos V y Felipe II quienes establecieron la estructura definitiva de la hegemonía española en Italia, a base: 1.°, de la posesión del *ducado de Milán*, que domina la región del Po y los pasos de los Alpes centrales; 2.°, de la posesión de los *presidios de Toscana,* puntos de partida de la influencia hispánica en Florencia, y 3.°, de la alianza con *Génova,* que aseguraba a España el dominio del mar y la comunicación con el Milanesado.

IX. La época del Imperio hispano

52. LA ÉPOCA DE CARLOS V. — Carlos de Gante, hijo del duque de Borgoña Felipe el Hermoso y de su esposa Juana de Castilla, reunió en su cabeza una cuádruple *herencia:*

a) De su abuelo paterno, MAXIMILIANO DE AUSTRIA: Austria, Estiria, Carintia, Carniola, Tirol y Sundgau, con otros territorios menores, y derechos a la corona imperial alemana y al ducado de Milán.

b) De su abuela paterna, MARÍA DE BORGOÑA: Las provincias neerlandesas (Holanda, Zelanda, Utrecht, Frisia, Drente y Güeldres); Flandes, Artois, Brabante, Henao, Limburgo y Luxemburgo; el Franco Condado, y derechos al ducado de Borgoña.

c) De su abuelo materno, FERNANDO DE ARAGÓN: Aragón, Cataluña, Valencia, ·Mallorca, Cerdeña, Sicilia y Nápoles.

d) De su abuela materna, ISABEL DE CASTILLA: Castilla, León, Navarra, Granada, varias plazas en el Norte de África, las Canarias y los nuevos territorios americanos.

La coronación imperial de 1519 dio a esta fabulosa herencia un significado político. Con Carlos I (V de Alemania) nos hallamos en presencia de un gran esfuerzo para dar coherencia al Occidente de Europa bajo la égida del emperador. A ello se opusieron Francia, representante del nacionalismo estatal, y los protestantes alemanes, que encarnaron la disidencia religiosa. La lucha contra Francia proporcionó a Carlos I el ducado de Milán; en cambio, hubo de ceder a Francisco I el ducado de Borgoña.

53. LA POLÍTICA EUROPEA DE FELIPE II. — Carlos V dividió sus Estados en dos bloques: el español y el alemán. El primero, otorgado a su hijo *Felipe II,* comprendía: España, las posesiones americanas, Cerdeña, Sicilia, Nápoles, Milán, el Franco Condado y los Países Bajos. El segundo, legado a su hermano *Fernando,* constaba, además de la corona imperial, de las posesiones de los Habsburgo en Austria y las coronas de Bohemia y Hungría.

Esta partición hizo recaer sobre la persona de Felipe II la inmensa tarea de defender la política española en el Occidente de Europa y la religión católica en todo el continente. Para ello se apoyó en las dos penínsulas católicas del Mediterráneo. En la Hispánica, se consumó la unidad política con la anexión de Portugal por legítima sucesión en 1581, lo que implicó también la de sus posesiones ultramarinas en África del Norte, América, África ecuatorial, Asia e Insulindia. En cuanto a Italia, recobró la paz bajo la hegemonía española. El protectorado ejercido sobre Génova, dio facilidad a las tropas de Felipe II para llegar a Milán, y de aquí, por el territorio amigo del Imperio, al Franco Condado, Luxemburgo y Flandes. Ésta fue la ruta seguida muchas veces por los tercios, y concretamente, la del duque de Alba, cuando se trasladó a los Países Bajos para combatir la insurrección política y religiosa de aquellas provincias.

La política de la *Contrarreforma,* apoyada en todas partes por Felipe II, alcanzó incluso Polonia, bastión del Catolicismo en el Norte. Pero culmina en el apoyo prestado a los católicos franceses contra los hugonotes y a los ingleses contra Isabel Tudor.

54. ESPAÑA Y LOS TURCOS EN EL MEDITERRÁNEO. — Desde comienzos del siglo XVI, los turcos llevan a cabo en el Mediterráneo un decidido esfuerzo para romper la resistencia europea, mantenida en ese sector casi exclusivamente por los españoles. El éxito de la defensa de los estrechos de Sicilia y Túnez permitió estabilizar la agresión y anular más tarde todo peligro.

Fue en esta zona donde ambos contrincantes desplegaron su mayor capacidad de ataque y resistencia. Mesina y Malta sufrieron fuertes acometidas turcas. La Goleta y Túnez, las Gelves, Castilnuovo y Corón, recuerdan tentativas más o menos afortunadas de España. En fin, Lepanto (1571) señala el momento supremo de la contienda y la mayor contribución de España a la victoria final sobre la nueva tentativa islámica.

No obstante, el hecho turco contribuye a la desintegración paulatina del sistema político establecido por los Trastámaras aragoneses en el Mediterráneo occidental. La alianza entre Francia y Turquía a través de Argel favorece la intervención de aquella potencia en los asuntos mediterráneos. Además, las regencias berberiscas, apoyadas por Turquía, crean zonas de inestabilidad para todo el flanco derecho de las posesiones españolas en el Mediterráneo, y aun el mismo litoral peninsular es vulnerado en sus incursiones.

La única zona que se ve segura es la del Estrecho, ya que el Estado hispano, completado con la unión de Portugal, posee todas las plazas importantes de aquél (Gibraltar, Tánger, Ceuta) y aun domina sus flancos (Melilla, Orán).

55. Felipe II y los Países Bajos. — La sublevación de los Países Bajos contra Felipe II no sólo es el hecho capital del reinado de este monarca, sino el vértice de la política de Occidente en esta época. Los Países Bajos habían sido reunidos poco a poco por la casa de Borgoña, en particular por el duque Felipe el Bueno a mediados del siglo XV. Su unidad política había hecho progresos bajo Carlos el Temerario y Carlos I; pero existía en ellos una marcada tendencia a la autonomía política (régimen de los Estados Generales y de los estatúders o lugartenientes provinciales), así como marcada oposición racial y lingüística entre el Norte (holandés y flamenco) y el Sur (valón). A esta oposición se añadió, a mediados del siglo XVI, otra de carácter religioso: el Norte abrazó las doctrinas calvinistas, mientras el Sur permaneció católico.

Al estallar la insurrección política y religiosa contra Felipe II en 1566, los Países Bajos hicieron causa común, aunque muy pronto se vio que la zona principal de resistencia se hallaba en el Norte. Después del fracaso de la política del duque de Alba, católicos y calvinistas aceptaron la *Pacificación de Gante* (1576), en cuyo momento pareció que las Provincias Bajas quedaban perdidas para España. Pero la inteligente actuación de Alejandro Farnesio logró recuperar para Felipe II el Sur, católico (Unión de Arrás, 1579); en cambio, el Norte, proclamó su independencia (unión de Utrecht y declaración de La Haya de 1581). Después de varios años de lucha, el límite entre ambas zonas quedó estabilizado por la Tregua de los Doce Años (1609).

56. Marcha de los descubrimientos en América. — El contacto de Europa con América se realiza siguiendo tres direcciones fundamentales: la *ruta septentrional,* que cae fuera del campo óptimo de las posibilidades hispanas, ruta que seguirán en su colonización Francia e Inglaterra; las *rutas central* y *meridional,* que fueron los caminos substanciales de la hispanización del continente americano.

El núcleo fundamental de la expansión lo constituye el espacio caribe, el cual facilita el paso hacia América del Norte por el golfo de México y hacia América del Sur por Panamá. En este sentido, los descubrimientos de los españoles en ambas Américas ofrecen rumbos divergentes. En el Norte, el punto de partida está situado a Oriente y los puntos de apoyo se establecen en la costa atlántica. En el Sur, en cambio, las bases de colonización radican en el Oeste y en el Pacífico. En líneas generales, podemos afirmar que mientras América del Norte y la Central se descubrieron y colonizaron desde el Oeste, la marcha hacia el Este caracteriza la conquista de Sudamérica. El movimiento de colonización estuvo determinado por la atracción ejercida por las zonas óptimas americanas (Anáhuac, Panamá, Perú, Tierra Firme) sobre los españoles de las Antillas.

En la América meridional la base de los descubrimientos es el espacio central andino. De él parten rutas costeras hacia el Norte (Ecuador) y el Sur (Chile), o bien continentales hacia la Amazonía y el Plata. Cada una de ellas buscará su enlace respectivo con los núcleos de colonización establecidos, paralelamente, en la fachada del Atlántico (Plata, Brasil, Nueva Granada).

En América del Norte, el centro de los descubrimientos es la meseta del Anáhuac. La insuficiencia de la Florida como punto de partida y la disposición desfavorable del sistema Missisipí-Ohío como eje de marcha de la colonización, dificultarán toda tentativa de constituir en la América del Norte un bloque hispano análogo al de la meridional.

57. Descubrimientos en las Antillas, México y América del Norte. — Acabamos de exponer la importancia que en el desarrollo de los descubrimientos efectuados por los españoles en América tuvo el espacio del Caribe. Ahora bien, dentro del mismo, el núcleo del cual parten las iniciativas radica en la isla que los descubridores bautizaron con el nombre de *La Española* (Santo Domingo).

Desde los primeros viajes colombinos esta isla se convierte en centro de la colonización del Caribe y, más allá de sus confines, de toda América. De ella parten las primeras expediciones que convirtieron aquel mar en "Mare Nostrum" hispano. Se actuó sobre Puerto Rico y las Pequeñas Antillas, sobre Jamaica y Cuba, y, también, sobre la costa opuesta (Ojeda, 1499, Bastidas, 1500 y Nicuesa, 1509), que debía recibir los nombres de Tierra Firme y Castilla del Oro.

En relación con el núcleo de La Española se disponen el de Cuba y el de Panamá. La intensidad de la corriente geopolítica, que ya desde los comienzos del establecimiento de España en el Caribe se concentra en la costa del golfo de Darién (Colón, 1502), conduce al descubrimiento del Mar del Sur (Balboa, 1513) y al reconocimiento del papel importantísimo del Istmo de Panamá en la vida de América. Del núcleo panameño, en efecto, no sólo dependen gran parte de la colonización de América del Sur, sino, además, los descubrimientos que se realizaron en la porción sur de la América central.

Arrancando del núcleo cubano, se exploran las costas del golfo de México (expediciones de Grijalva y Pineda). Tales tendencias habían de conducir, indefectiblemente, a la conquista del Imperio azteca, que realizó Cortés en 1519-1521. De esta forma quedó establecida la triangulación que fue clave del dominio español en América: CUBA-MÉXICO-PANAMÁ. Asimismo, la penetración de España en América del Norte se efectuó, prácticamente, a base del centro mexicano y de sus enlaces marítimos (Mendoza, 1532; Carrillo, 1542) o continentales (Nuño de Guzmán). No olvidemos tampoco que desde México se conquistó buena parte de América central (Olid en Honduras, 1523 y Alvarado en Guatemala, 1525).

Las bases de partida para la conquista de América del Norte por los españoles les eran poco favorables. La colonización de una de ellas — la *península de Florida* — recabó por sí misma grandes esfuerzos y reiteradas tentativas (Ponce de León, 1512; Pánfilo de Narváez, 1528). La expedición de Narváez tuvo un epílogo aventurero en la de Cabeza de Vaca, quien después del fracaso de aquélla recorrió las costas del golfo de México y Texas hasta llegar al territorio de Nueva España. Las dos exploraciones más importantes las efectuaron Soto y Coronado. El primero descubrió el curso del Missisipí (1541), que recorrió, después de su muerte, su lugarteniente Moscoso. Coronado partió de *Nueva España* en busca de los fabulosos países de Cibola y Quivira. Descubrió las montañas Rocosas, el Colorado y el Kansas.

58. DESCUBRIMIENTOS EN AMÉRICA DEL SUR. — La colonización del continente sudamericano corrió a cargo, en su mayor parte, de España; pero no se ha de olvidar que Portugal descubrió y colonizó el Brasil.

Es sintomático que la conquista de América del Sur por los españoles se inicie por la región que fue centro del *Imperio de los Incas,* y asimismo que el descubrimiento y la colonización de lo que fue luego Virreinato del Perú pueda explicarse tomando este núcleo como centro de expansión colonial. Fue Pizarro quien en 1531, después de una notable odisea, dio a la Corona de Carlos V la rica tierra peruana. Desde ésta los grandes aventureros españoles se desparramaron por el continente, y aun sin contar con los focos de Tierra Firme y del Plata, ellos solos hubieran completado, sin duda alguna, la exploración de las tierras sudamericanas.

A ambos lados del Perú aparecen núcleos secundarios de subido valor: Chile y la región de Quito, cada uno de ellos con sus actividades colonizadoras propias. Chile, descubierto por Almagro y conquistado por Valdivia en 1539, permitió la colonización de la costa meridional del Pacífico y la región transandina de las Pampas. De Quito, adonde llegó Benalcázar en 1533, los españoles pasaron a la cuenca del Amazonas (Orellana, 1541) y la costa del mar Caribe (Benalcázar, 1537). En Bogotá confluyen tres caminos y tres tendencias. Por eso, pocos sucesos históricos encierran tanto interés como la coincidencia en las mesetas de aquella región de las expediciones de Quesada, Federman y Benalcázar (1537).

La colonización del Plata fue un proceso de dominio de un sistema hidrográfico partiendo de su desembocadura. Se distinguieron en ella, Solís, que pereció en el curso de su empresa (1515); Caboto, que la reiteró en 1527; Mendoza, primer fundador de Buenos Aires (1536), y Cabeza de Vaca, que supo aprovechar las ventajas de la situación geográfica de Asunción y exploró las cuencas del Paraná y el Paraguay (1541). Varias tentativas para enlazar los centros del Perú, Chile, Paraguay y el Plata acabaron con pleno éxito. Rojas en 1542 e Irala en 1547 lograron establecer el primer enlace directo entre el Atlántico y el Pacífico por el Alto Perú.

Los límites entre los dominios de España y Portugal en América del Sur no se establecieron hasta el siglo XVIII. Los que se representan en el gráfico corresponden a la zona máxima efectiva de colonización española.

59. EXPLORACIONES EN EL PACÍFICO. — Núñez de Balboa, al descubrir en 1513 el Mar del Sur, resolvió el problema del continente americano e indicó la posibilidad de una nueva ruta hacia las Molucas y la India. Magallanes (1520-1521) puso en contacto las nuevas colonias de Portugal y de España a través de la inmensidad del océano Pacífico.

España descubrió el Pacífico. Pero sus esfuerzos no se limitaron a tender un surco sobre los mares y a señalar un nuevo camino. A pesar de los límites fijados por la línea de demarcación de 1494, según los cuales los países e islas de las Especias se hallaban exclusivamente en poder de Portugal, y del desgaste consiguiente al descubrimiento, conquista y colonización de ambas Américas, los españoles lanzáronse hacia el Pacífico, partiendo de la costa americana.

En el siglo XVI la acción española en este océano se desarrolla aproximadamente en el cuadrilátero Perú-Nuevas Hébridas-Filipinas-México. Los núcleos de expansión son los mismos de los grandes descubrimientos americanos: Nueva España y el Perú. El centro de atracción, las Molucas, y más tarde, las Filipinas. En esta zona los navegantes españoles realizan proezas heroicas, a menudo olvidadas entre tantas y tantas otras que llenan aquel siglo; otras veces, perdidas para todo recuerdo y todo estudio. Los archipiélagos de las Hawai, Marquesas, Sociedad, Marshall, Nuevas Hébridas, Salomón, Carolinas, Palaos y Marianas, la isla de Nueva Guinea y el continente australiano fueron descubiertas o avistadas por primera vez por nuestros exploradores. Entre éstos cabe recordar los siguientes:

Saavedra, que estuvo en la Papuasia (Nueva Guinea), en 1527.

Villalobos, que descubrió las islas del Rey (Hawai), en 1543.

Urdaneta, que halló la "vuelta de Poniente", o sea el sistema de regresar de las Filipinas a América aprovechando el contraalisio septentrional y la corriente del Kuro-shivo.

Legazpi, que fundó Manila en 1571.

Mendaña y *Quirós,* que en el transcurso de varias navegaciones, juntos o separados, exploraron el Pacífico austral y descubrieron, entre otros, los archipiélagos de las islas Marquesas, Sociedad, Salomón y Nuevas Hébridas.

En fin, *Torres,* quien en 1607 descubrió el estrecho entre Nueva Guinea y Australia.

60. ESPAÑOLES Y PORTUGUESES EN ASIA ORIEN-
TAL. — En el Extremo Oriente se dieron la mano
las expansiones de los pueblos hispanos. Los portugueses alcanzaron aquellas regiones por el océano
Índico; los españoles por el Pacífico. Portugal
tuvo en su poder la llave del sistema político oriental: Malaca-Singapur; España, su centro estraté-
gico: las Filipinas.

La Insulindia señala el límite de las posibilidades máximas de las tendencias peninsulares en el
Mundo, y el hecho de haberlo alcanzado plenamente demuestra que los descubrimientos hispanos
no se debieron a circunstancias históricas excep-
cionales, sino a la fuerza expansiva de España y
Portugal en el siglo XVI. La colonización de las
Filipinas y su integración durante cerca de cuatro
siglos en el Imperio español constituyen la mejor
prueba de esta aserción.

El Imperio español de últimos del siglo XVI
(unidas España y Portugal) estructuró la Insulindia en el triángulo Sumatra-Nueva Guinea-Filipi-
nas, aunque tal sistema no se reflejó en los marcos
administrativos. Mantúvose un grupo portugués
(Islas de la Sanda, Molucas, Borneo) y un grupo
español (archipiélago de las Filipinas).

El espíritu de las misiones en el Extremo Oriente manifiesta la íntima colaboración de Portugal y
de España al servicio de la Cristiandad. San Francisco Javier es el nombre simbólico que polariza
los esfuerzos de las misiones en la Insulinda, China y el Japón (1545-1549).

Las exploraciones y conquistas de los marineros
holandeses del siglo XVII arruinaron el imperio colonial portugués en Asia. Pero las Filipinas resistieron sus acometidas, como antes habían hecho
frente a otros peligros (piratería china y japonesa).
Núcleo de resistencia y centro de irradiación sobre las Molucas, Borneo y el continente (expediciones sobre Cambodge y Tonquin en los siglos XVI
y XIX; misiones en China y el Japón), tal fue y
continúa siendo el papel geopolítico de aquel archipiélago.

X. Los siglos XVII y XVIII

61. QUIEBRA DEL PREDOMINIO ESPAÑOL EN EU-
ROPA. — Durante el siglo XVII, el último de la
Casa de Austria, correspondiente a los reinados
de Felipe III, Felipe IV y Carlos II, España
pierde la hegemonía que Carlos I y Felipe II le
habían dado en el Occidente de Europa. Desde el
punto de vista militar, el ejército español conserva
su prestigio hasta la batalla de Nordlingen (1634);
pero lo pierde en la de Rocroi (1643), en manos
del general Condé. Desde este momento es Francia quien pretende imponerse en Europa. Bajo
Luis XIV este país avanza en todas sus fronteras,
y España va cediéndole territorios importantes. En
la *paz de los Pirineos* (1659) Francia adquiere de
Felipe IV el Rosellón, la Cerdaña y el Artois; en
la de *Aquisgrán* (1668), que clausura la guerra de
Devolución, doce plazas en Flandes, entre las cuales, la de Lilla. Un nuevo y rudo golpe representa
para España la *paz de Nimega* (1678), por la que
pierde el Franco Condado y, en Flandes, Cambrai,
Maubege, San Omer y Aire. La *paz de Riswyck*
de 1697 es la única en que Carlos II conserva sus
territorios, a pesar de que los ejércitos franceses

ocupaban Cataluña. Esto se debe a las ambiciones
de Luis XIV sobre la sucesión a la corona española, próxima a plantearse.

Otro fenómeno político paralelo a la ofensiva
francesa es la *tendencia a la disgregación* del Imperio de Felipe II. Aparte de *Holanda*, cuya independencia es reconocida por el Tratado de West-
falia de 1648, se separan de la corona española,
desde 1640, *Portugal* y sus posesiones coloniales.
También estallan movimientos separatistas en Cataluña (1640), Nápoles (1647) y Sicilia. Pero éstos
son sojuzgados, aunque el catalán, que halló el
apoyo de Francia, sólo lo fue después de larga
lucha.

62. COLONIZACIÓN DE AMÉRICA DEL NORTE
(SIGLOS XVI-XVIII). — En la historia de la obra de
España en América marchan paralelamente tres
hechos: el descubrimiento, la conquista y la colonización. En otros términos, tres hombres: el na-
vegante, el capitán y el organizador. Este desarrollo armónico de la actividad de los hispanos en el
Nuevo Mundo es la base esencial del éxito, moral
más que económico, del imperio que España supo
crear en aquellos países y mantener durante tres
siglos.

Los centros rectores de las colonias españolas
en América se situaron en la Península (monarca, Consejo de Indias, Casa de Contratación). En
el Nuevo Mundo los elementos más importantes
de la colonización fueron el virreinato, la ciudad y
la misión. Entre ambos grupos se tendía un órga-
no de enlace: la Flota de Indias, en la que se po-
larizaba la potencia militar, naval, económica y
aun espiritual de España y América, y por lo
tanto era el elemento geopolítico básico del Imperio. Este fue pujante mientras la metrópoli do-
minó el océano y decayó con la ruptura de la hegemonía marítima española a comienzos del siglo XVII.

La Flota de Indias se dividía antes de llegar al
Caribe. Mientras una parte servía los grandes
puertos de Tierra Firme y el Istmo (Maracaibo,
Santa Marta, Cartagena, Portobelo), donde se ha-
cía el transbordo para Panamá y el virreinato del
Perú, otra parte atendía los puertos de las Grandes Antillas y México (Santo Domingo, Santiago
y Veracruz). La Armada se reunía en La Habana
para emprender el viaje de regreso.

Otro elemento económico importante era el llamado navío de Filipinas, que partía de Acapulco
rumbo a Manila y mantenía un floreciente tráfico
a través del Pacífico.

La colonización española en Nueva España hizo
notables progresos hasta 1636. Siguiendo los cur-
sos de los ríos y en ardua lucha con el clima y los
indios, soldados y misioneros se establecieron hasta
los confines septentrionales de Arizona, Nuevo México y Texas. Con la decadencia de la Monarquía
hispánica en la segunda mitad del siglo XVII se
interrumpió el progreso de la colonización. Pero
en la centuria siguiente se reanudó con gran ímpe-
tu. Entonces se establecieron en California las misiones franciscanas, que introdujeron en el país los
elementos de la civilización occidental, y se am-
pliaron y robustecieron las zonas de colonización
en Nuevo México y Texas.

Por otra parte, el siglo XVIII registró sensibles

cambios en el reparto territorial de América del Norte. A consecuencia de la paz del París de 1763 quedó eliminada Francia de aquel continente y España — previa cesión de Florida a Inglaterra — pasó a lindar con las colonias inglesas en el Missisipí. Sin embargo, la corte de Madrid no supo sacar ventaja de tal situación. En 1800 renunció a la Luisiana Occidental en favor de Francia, después de rescatar Florida de los ingleses (1783).

63. COLONIZACIÓN DE AMÉRICA DEL SUR (SIGLOS XVI-XVII). — En América del Sur la obra colonizadora española fue especialmente ingente. A través de la variedad morfológica y climática de sus regiones, los españoles difundieron la cultura europea y cristiana y lograron ahincarla profundamente. Ciudades y aldeas, universidades y misiones, sembraron una semilla que había de dar óptimas cosechas en el futuro. El gobierno y la administración de tan vastos territorios se centralizó en el Perú. A Lima, capital del virreinato, afluían los tesoros de las ricas minas del Alto Perú y las rutas marítimas que, con la Armada del Mar del Sur, enlazaban el continente con la metrópoli en el istmo de Panamá. La centralización colonial tuvo poco halagüeñas consecuencias para otras provincias americanas: el Plata, especialmente, sufrió a causa de la orientación mercantilista del virreinato peruano.

La inmensidad del territorio provocó la temprana aparición de núcleos regionales diversificados, en los que germinarían los futuros Estados de la independencia: Nueva Granada, Quito, Chile, Alto Perú, Paraguay y el Plata, aun dejando aparte la Capitanía General de Venezuela, que muy pronto recabó su autonomía administrativa.

64. LOS ATAQUES AL IMPERIO ESPAÑOL EN AMÉRICA DEL SUR Y EL CARIBE. — A lo largo del siglo XVIII, el Imperio colonial español en América fue objeto de violentas agresiones por los países europeos que querían beneficiarse de sus riquezas y arrebatar a la Corona de España parte de aquellos territorios.

Holanda, Francia e Inglaterra fueron los tres Estados que con más ahinco procuraron establecerse en la América española. El sector central de ataque correspondió a los países del mar Caribe; por su importancia y sus consecuencias lo examinaremos luego. En el Norte, la región más amenazada fue Florida, que estaba separada del núcleo de los dominios españoles por el Océano y la Luisiana. En la América meridional, toda la costa atlántica fue objeto de ininterrumpidos ataques: Pernambuco, Río, Sao Paulo, el Plata y sus zonas respectivas sufrieron especialmente las agresiones extranjeras. Más al Sur, las Malvinas y Tierra de Fuego fueron también disputadas, ya que dominan el paso hacia el Pacífico y con ello la posibilidad de las más fructíferas expediciones por la costa de este Océano (piratas en los emporios litorales del Perú y Nueva España).

En las acometidas de los extranjeros contra el sistema colonial español en América, las Antillas ofrecieron los puntos de ataque desde los cuales eran más seguros los beneficios y más vulnerable la defensa hispana. Iniciaron la ofensiva, a fines del siglo XVI, los *filibusteros* y *bucaneros*, piratas

atraídos por los metales preciosos de la Flota de Indias y la riqueza de los puertos de Panamá y Nueva Granada. Jamaica, la Tortuga, Santo Tomás, San Cristóbal y la Barbada se convirtieron en nidos de piratería. Al amparo de esta acción, Holanda, Francia e Inglaterra conquistaron algunas islas, que convirtieron en puntos de apoyo de su política en el mar Caribe. Después, en el siglo XVIII, se produjo la acción sistemática de Francia y de Inglaterra, y las Pequeñas Antillas fueron disputadas por ambas naciones. España limitóse a resistir en sus reductos de Cuba y Puerto Rico, pues su sistema defensivo estaba desquiciado desde la conquista de Jamaica por los ingleses (1655) y la presencia de los franceses en la costa occidental de Haití (1697).

He aquí un resumen de las posesiones perdidas por España en las Antillas, con expresión del año en que tuvo lugar la pérdida y potencia que se benefició de ella:

1625	*San Cristóbal*	Bucaneros
1634	*Curaçao*	Holanda.
1655	*Jamaica*	Inglaterra.
1664	*Tortuga*	Bucaneros
1672	*Bahamas*	Inglaterra
1697	*Haití Occidental*	Francia.
1763	*Dominica*	Inglaterra
1786	*Honduras británica*	Inglaterra
1797	*Trinidad*	Inglaterra

65. LA GUERRA DE SUCESIÓN. — La guerra de Sucesión a la Corona española, a la muerte de Carlos II de Austria, es uno de los grandes conflictos de la historia de Europa (1700-1711). En ella no se trataba tan sólo de dirimir un litigio jurídico entre Felipe V de Borbón y el pretendiente Carlos de Austria; sino de mantener o quebrantar la hegemonía establecida por Luis XIV en Europa en el transcurso de medio siglo de victoriosas campañas. Para los españoles la guerra de Sucesión encerraba dos aspectos: a) para unos, mantener las posesiones legadas por Carlos II con el auxilio de las tropas francesas, reputadas invencibles; b) para otros, defender sus instituciones tradicionales, que juzgaban amenazadas por el centralismo de los Borbones. Esta diferencia de parecer explica la división que se produjo en el seno del Estado español, y que la Corona de Aragón se mostrara favorable al archiduque Carlos de Austria, mientras Castilla lo era a Felipe V de Borbón.

Durante la guerra, Luis XIV y Felipe V tuvieron que luchar contra una vasta coalición de las potencias europeas: la *Gran Alianza*. La formaban: Inglaterra, Holanda, Austria (con Bohemia y Hungría), los príncipes del Imperio alemán (entre ellos, el elector de Brandeburgo y rey en Prusia), Saboya, Portugal y la Corona de Aragón (1705). Los ejércitos de Luis XIV sufrieron gravísimas derrotas en Italia (Turín), Alemania (Blenheim) y Flandes (Ramillies, Oudenarde). También en España los aliados llegaron por dos veces a Madrid, en 1705 y 1710. Pero el apoyo que Castilla prestó a Felipe V salvó la causa de éste en la decisiva batalla de Villaviciosa (1710). Sólo Cataluña resistió hasta el último instante en la defensa de la causa de Carlos de Austria. Sucumbió en 1714, un año después de haber cesado la guerra general.

En la *paz de Utrecht* (1713), si bien Felipe V conservó la corona de Carlos II, en cambio España sufrió tan importantes pérdidas territoriales, que en ella sucumbió su rango de gran potencia europea. En efecto, tuvo que entregar: a Austria, *Flandes, Luxemburgo, Milán, Nápoles y Cerdeña;* a Saboya, la isla de *Sicilia;* a Inglaterra, *Gibraltar* y *Menorca*.

66. ESPAÑA EN EL EQUILIBRIO EUROPEO. — Durante el siglo XVIII, que fue la última época, hasta la centuria actual, en que España desarrolló una actividad diplomática considerable en Europa, el país no ejerció ninguna acción política propia sobre el continente. Actuó a remolque de los intereses dinásticos y familiares de la casa de Borbón.

Los intentos de Alberoni fueron las únicas tendencias hispánicas con visión tradicional. Pero la necesidad de mantenr el equilibrio entre las diversas potencias europeas, tan costosamente logrado a través de la guerra de Sucesión, hizo que tales tentativas se malograsen. El mismo Estado español hubo de salir garante de la intangibilidad de los tratados de Utrecht y Rastatt (*Quíntuple Alianza*: Viena-Amsterdam-Londres-París-Madrid).

Más tarde, la fórmula del "equilibrio europeo" tuvo su aplicación en los conflictos que se produjeron en la Europa Central y Oriental (Sucesiones de Polonia y Austria, cuestión de Silesia). En ellos, la hostilidad permanente entre Francia e Inglaterra durante el Dieciocho correspondió al antagonismo existente entre Prusia y Austria. Entre los núcleos respectivos tejiéronse varias alianzas, que pudieron cambiar de base (el tan conocido fenómeno de la "inversión de las alianzas" en la guerra de los Siete Años), pero sin destruir nunca los principios fundamentales del Sistema.

La alianza establecida entre Francia y España durante la guerra de Sucesión tuvo su reflejo en la diplomacia del siglo XVIII con el PACTO DE FAMILIA (prolongado en el Mediterráneo hasta los Borbones de Nápoles). Pero su influencia en el Sistema de equilibrio fue casi nula, ya que su constitución era una consecuencia de la política oceánica y colonial y no de los problemas continentales y europeos. Por lo tanto, las tendencias de la alianza París-Madrid fueron tan sólo antibritánicas, ya que por su funcionamiento Francia aspiraba a redondear su mundo colonial (Canadá, India), España a consolidar el propio, y ambos Estados a combatir la expansión inglesa en el Mediterráneo y todos los mares. Sin embargo, la realidad destruyó tan halagüeñas esperanzas, pues en la guerra de los Siete Años la flota inglesa afirmó su hegemonía en el Océano, América del Norte y la India (1756-1763).

67. ESPAÑA EN EL SIGLO XVIII. — Algunos hechos de la geografía histórica peninsular merecen consignarse en esta época. En primer lugar, el siglo XVIII consolida la definitiva separación de España y Portugal, no sólo en el aspecto político, sino económico, pues este Estado se apoya cada vez más en Inglaterra, salvaguarda de sus posesiones coloniales. La línea fronteriza es casi idéntica a la actual, con la excepción del territorio de Olivenza, que perteneció a Portugal hasta la guerra de las Naranjas (1801). Respecto al territorio español, en la mencionada centuria pierde la roca de Gibraltar, mientras la isla de Menorca es dominada por ingleses y franceses hasta su recuperación por España en 1782. En cambio, al otro lado del Estrecho, España posee Ceuta, el presidio de Alhucemas, Melilla y la zona de Mazalquivir-Orán. Esta última, amenazada de modo constante por los ejércitos del rey de Argel, sucumbió a fines de siglo (1791).

Los Borbones implantaron en el Estado español el centralismo político y nuevas fórmulas administrativas. En el reinado de Carlos III aparece la primera división provincial, que aún responde, en gran parte, a la herencia histórica. Así *Galicia, Aragón, Cataluña* y *Extremadura* forman provincias únicas. *Castilla la Nueva* cuenta con cinco grandes provincias (Madrid, Guadalajara, Cuenca, Toledo y La Mancha); *Andalucía* con otras cinco (Sevilla, Cádiz, Málaga, Jaén y Granada); *Murcia* con dos (Murcia y la litoral de Cartagena); *Valencia* también con dos (Valencia y Alicante). En la Meseta Norte *Castilla la Vieja* tiene el mismo número de provincias actuales, excepto la de Logroño, dividida entre Burgos y Soria. En cambio, *León* cuenta con una más, la de Toro. *Asturias, Navarra* y las *Provincias Vascongadas* poseen fronteras muy parecidas a las que tuvieron más tarde, o sea, en el siglo XIX.

68. AMÉRICA DEL SUR EN EL SIGLO XVIII. — El espíritu reformista que animó en el siglo XVIII español se reflejó asimismo en las colonias americanas. Los gobiernos de los Borbones, sobre todo los de Carlos III, intentaron hacer del Imperio americano un bastión que pudiera resistir la acometida británica y un centro de progresivas riquezas para el continente y la metrópoli. Sin embargo, hubo un error de partida: la claudicación implicada por el tratado de Madrid de 1750, firmado con Portugal para resolver la litigiosa cuestión de límites provocada por la expansión de los paulistas "bandeirantes". Pese a la rectificación de 1777, el espíritu de aquel pacto perduró como representativo del reconocimiento por España de un estado de hecho que no respondía a las estipulaciones del tratado de Tordesillas de 1494. Toda la Amazonia y la región de Matto Grosso, más la región cercana al Uruguay actual, cayeron en manos de los portugueses.

Reconocida la ineficacia de la centralización colonial en Lima, los Borbones procedieron a crear nuevos centros administrativos, de acuerdo con las entidades naturales del continente. Así aparecieron los virreinatos de Nueva Granada y del Plata, la Capitanía de Chile y Audiencia de Quito, que, junto con la Capitanía de Venezuela redondearon la división superior de América del Sur hispana. En la inferior prevaleció la división en intendencias, sistema administrativo aplicado ya en España, de inspiración francesa.

Las reformas económicas fueron muy profundas. Dos hechos las revelan substancialmente. La orientación del tráfico colonial hacia el Atlántico, dando la hegemonía económica de América del Sur a Buenos Aires, y la libertad de comercio entre la metrópoli y las colonias decretada por Carlos III en 1778. Gracias a esta medida, numerosos puertos americanos fueron habilitados para el comercio con otros puertos españoles.

La política de Carlos III contraria a la Compañía de Jesús se reflejó en el abandono por los jesuítas de sus misiones guaraníes a lo largo del Paraná y del Paraguay.

XI. Del siglo XIX al XX

69. Las guerras napoleónicas. — La Revolución francesa y las guerras desencadenadas en Europa por Napoleón Bonaparte tuvieron gran repercusión en la vida española a comienzos del siglo XIX.

La intervención de Napoleón en España fue motivada, en primer término, por las necesidades derivadas de su lucha contra la irreductible Inglaterra. Contra esta nación declaró el "bloqueo continental" (1807), que para ser efectivo requería, en primer término, la sumisión de Portugal. La monarquía española secundó los planes del emperador francés (1807-1808); pero a poco tenía que resignarse a desaparecer ante las exigencias de éste, quien entronizó a su hermano José en el solio real español. El alzamiento popular de mayo de 1808, coronado a poco por el sorprendente triunfo de Bailén, despejó el suelo nacional de franceses, que sólo conservaron el reducto del país vasconavarro y las plazas de Barcelona y Figueras, o sea las llaves de los pasos de los Pirineos. Desde el primero, Napoleón en persona desató su contraofensiva, que le llevó a Madrid y luego a la persecución del ejército inglés de Moore. Pero entonces tuvo que abandonar la campaña, reclamado por la noticia de la inminencia de un ataque austríaco a Alemania. Desde este momento, fueron sus generales los que dirigieron la ocupación de la Península: *Soult*, en Galicia y Norte de Portugal, y luego (1810) en Andalucía occidental y Extremadura; *Ney*, en Asturias; *Moncey*, en Aragón; *Víctor*, en Toledo y Cáceres; *Suchet*, en Cataluña y Valencia, y *Sebastiani*, en Andalucía oriental y Murcia. Los españoles resistieron con denuedo en Zaragoza y Gerona, ciudades que cayeron después de duros sitios; y también en Cádiz, que resistió tras su privilegiada situación geográfica. Las Baleares se mantuvieron libres bajo la protección de la flota inglesa. En Portugal, los ingleses conservaron Lisboa tras las líneas fortificadas de Torres Vedras, donde se estrellaron las arremetidas del ejército de Massena.

En 1812 los ejércitos aliados pasaron a la contraofensiva. El general Wellington, que había constituído las *líneas fortificadas* de Campo Mayor-Elvas, en el Guadiana, y de Agueda-Coa, en el Duero, al objeto de preservar Portugal de los napoleónicos, ocupó desde ellas las plazas de Badajoz y Ciudad Rodrigo (1812). En el curso del mismo año, derrotó a los franceses en Los Arapiles, lo que obligó a Soult a replegarse de Andalucía. Nuevas derrotas (Vitoria, San Marcial, 1813) determinaron la expulsión de España de los invasores. Los últimos territorios ocupados por éstos fueron los del Pirineo Central y Cataluña.

70. Independencia de Hispanoamérica. — La desintegración del Imperio español en América obedece a factores sociales, económicos y morales de carácter vario, que se conjugan con el afán de independencia de los países hispanoamericanos.

El movimiento de Independencia de las antiguas colonias hispanas puede interpretarse como un repliegue del dominio territorial de España en América, que en líneas generales se verifica en sentido inverso al proceso de la conquista y colonización. Los núcleos Antillas-México y Perú, que habían sido antes centros de irradiación, fueron en aquellos días los principales y últimos reductos de España. Este último, singularmente, bajo el virrey Abascal fue el epicentro de una vigorosa reacción española contra las juntas reformadoras. Las campañas liberadoras parten de la región del Plata y de Tierra Firme, y por Chile y Nueva Granada, respectivamente, alcanzan el Perú. La entrevista entre Bolívar y San Martín en Guayaquil es el símbolo histórico de este proceso; Ayacucho (1824) es su remate.

A consecuencia del triunfo del movimiento independentista, aparecieron en la América hispana varios Estados, que en su forma responden a los grandes marcos administrativos de la época colonial. Así, el *virreinato de Nueva España* originó México; la *capitanía de Guatemala*, la Confederación centroamericana, que al deshacerse en 1839 dio vida a Guatemala, El Salvador, Nicaragua y Honduras; *el virreinato de Nueva Granada*, a los Estados Unidos de Colombia, que en 1829 se dividieron en los Estados de Colombia, Venezuela (antigua capitanía) y el Ecuador (antigua audiencia); el *virreinato del Perú*, al Perú; *la Capitanía de Chile*, a Chile; y el *virreinato del Plata*, a la Argentina, Bolivia, Uruguay y Paraguay. Las fechas de independencia se registran en el gráfico.

España sólo conservó en América las islas de Cuba y Puerto Rico.

71. Liberales y carlistas. — Los sucesos políticos del siglo XIX español pueden traducirse muchas veces en representaciones cartográficas adecuadas. Tal sucede con las luchas entre liberales y carlistas que ensangrentaron los primeros años del reinado de Isabel II.

Los principales focos del carlismo fueron tres: Navarra y el País Vasco, el Norte de Cataluña y el Maestrazgo, regiones de orografía difícil y, las dos primeras, de pequeños propietarios agrícolas. Esta característica social define casi siempre el territorio carlista, según puede comprobarse comparando los límites de esta zona con la de los signos 1 y 2 del mapa 73. Por otra parte, el carlismo contó con simpatías entre la masa rural española. Sin ellas no serían explicables expediciones como la del general Gómez y del pretendiente Carlos VI.

El liberalismo se asentó en las ciudades, en particular las de la periferia, donde existía una clase media burguesa que lo defendía desde el triple punto de vista humano, político y económico.

72. La guerra hispano-yanqui: Cuba y Filipinas. — Las tentativas de reforma de la administración cubana (como la instauración del régimen provincial) y de robustecimiento de su economía (introducción del ferrocarril) fracasaron ante la desgana de los gobiernos de la metrópoli y el es-

tancamiento de las clases conservadoras de la isla. Por esta causa, el movimiento separatista fue creciendo desde mediados del siglo XIX y produjo dos guerras en el último tercio de esta centuria: la Guerra Grande (1868-1878) y la de Independencia, que estalló en 1895. Durante esta última, la campaña llamada "invasión de Occidente" reveló que el ejército cubano era una realidad, no un simple puñado de guerrilleros.

Los separatistas cubanos estuvieron apoyados por la opinión pública norteamericana y un grupo de políticos imperialistas. El gobierno de los Estados Unidos acabó declarando la guerra a España, que se desarrolló en dos teatros: Cuba y Filipinas. La derrota de Cavite en el Pacífico y la de Santiago en el Caribe acabaron con los restos del Imperio colonial español y motivaron una grave crisis en la política española en 1898.

73. ESPAÑA EN LOS ALBORES DEL SIGLO XX. — En los albores del siglo XX coexisten en España dos tipos de estructura y mentalidad social: una tradicionalista, agraria, de ascendencia medieval, y otra moderna, industrial, nacida con el siglo XIX. La primera es la más importante, tanto más cuanto que el reparto de la propiedad y el nivel técnico de los campesinos hacen muy difícil una evolución satisfactoria de la economía. Grandes latifundios en el Sur y Sudoeste, minifundios en el Noroeste, arrendatarios a corto plazo en gran parte del país, integran las columnas de la vacilante agricultura española. En cuanto a la industria, son contados los focos verdaderamente industriales: mineros algunos, metalúrgicos otros, textiles en Cataluña. A causa del bajo nivel del agricultor, la industria chocó en su desarrollo con un mercado de escaso consumo, y para defenderse de la competencia extranjera debió protegerse con barreras aduaneras y con salarios bajos.

Ambas circunstancias — la agraria y la industrial — favorecieron la aparición y expansión de movimientos obreristas, de ideología revolucionaria: el *anarquismo,* que se difundió en el Mediodía y el Levante peninsular, cuyo principal centro fue Barcelona, y el *socialismo,* que abarcó gran parte de la Meseta, la región leonesa-astur y los centros industriales del País Vasco.

74. LA CRISIS ESPAÑOLA DEL SIGLO XX. — La inestabilidad social trajo consigo la inestabilidad política a partir de 1917. Sucesivamente se buscaron y fracasaron fórmulas para devolver al país la normalidad. Todo ello dio como resultado la guerra civil de 1936-1939, cuyo desarrollo hemos esquematizado en el mapa, según los signos que a continuación se explican:

Signos del gráfico A: 1. Territorio del Alzamiento nacional. — 2. Centros del mismo. — 3. Lugares preeminentes de resistencia nacionalista. — 4. Direcciones de las ofensivas nacionalistas. — 5. Territorio republicano. — 6. Íd. perdido ante la ofensiva nacionalista del verano-otoño de 1936. — 7. Principales centros republicanos. — 8. Operaciones iniciales de ofensiva republicana. — 9. Línea de consolidación del frente a fines de 1936. — 10. Acciones clave. —

Signos del gráfico B: 1. Línea del frente a fines de 1936. — 2. Territorio republicano. — 3. Territorio nacional. — 4. Ofensivas nacionalistas. — 5. Territorios conquistados por los nacionalistas en 1937 y 1938. — 6. Movimientos de los ejércitos republicanos. — 7. Líneas de repliegue republicanas.

APÉNDICE II

CUADROS SINÓPTICOS DE HISTORIA DE ESPAÑA

POR

J. GARCÍA TOLSÁ, E. RIPOLL Y R. ORTEGA

1. Prehistoria

500 000   Aparecen los primeros vestigios de industria humana. Terrazas del *Manzanares* (Madrid) y *Torralba* (Soria) con industrias del PALEOLÍTICO INFERIOR Y MEDIO. Restos humanos en *Banyoles* (Gerona), *Gibraltar* y *Cova Negra* (Játiva).

50 000

20 000   Influencias externas dan lugar al *Graveto-Auriñaciense*. Durante el PALEOLÍTICO SUPERIOR, coincidiendo con el máximo de frío de la glaciación Würm, la franja cantábrica tiene desarrollo propio, paralelo al de la Francia centro-occidental. Florece en esta región — con algunos reflejos en el Centro y Sur de la Península — el primer gran arte de la humanidad, de temática animalística *(Altamira)*, que cae más tarde en las abstracciones del *arte aziliense*. Otras importantes estaciones de esta época son las cuevas de *El Castillo, Pasiega, San Román de Candamo, Covalanas* y *La Pileta*.

10 000   Se inicia, con el MESOLÍTICO, la transición hacia la fase climática actual. En las zonas cantábrica y atlántica se dan las culturas AZILIENSE y ASTURIENSE. El resto de la Península está ocupado por los *epigravetienses*. Se da en ella un arte rupestre característico llamado *levantino*, que descubre el movimiento y la figura humana. Sus más famosos abrigos pintados se encuentran en *Cogul* (Lérida), *Valltorta* (Castellón) y *Alpera* (Albacete). Progresivamente van llegando influencias africanas, ecos lejanos del mundo capsiense (región de Túnez).

4000

2000   Introducción del NEOLÍTICO (agricultura, ganadería, cerámica, población sedentaria formando poblados, etc.). Los portadores de esta nueva economía propagan el *arte esquemático,* que culmina en el PLENO NEOLÍTICO. Aparecen los primeros *monumentos megalíticos*. De la conjunción de todos estos factores nace el ENEOLÍTICO O BRONCE I, representado en las fases antiguas de *Los Millares* (Almería).

2000

1700   Surge el *vaso campaniforme*, especie cerámica de extraordinaria difusión no sólo peninsular, sino europea. Al final del Bronce I la civilización de Los Millares llega a su máximo esplendor. Cronológicamente, le sucede la cultura de *El Argar* (Almería), equivalente al BRONCE II, que muestra profundas relaciones con Oriente. La caracterizan sus poblados fortificados.

1200

900   Hasta allí donde no llega la influencia argárica, se desarrolla, con larga pervivencia a veces, la Edad del Bronce de tipo europeo, también llamado ATLÁNTICO O BRONCE III, caracterizado por sus avances técnicos. La EDAD DEL HIERRO I está representada por las primeras invasiones de indoeuropeos o celtas. Al mismo tiempo se establecen en el Sur y en el Levante las primeras *colonias* de fenicios y griegos. El foco metalífero del Sur da lugar a la formación de un potente reino indígena: *Tartessos,* documentado por los autores clásicos y de fama legendaria. En el resto de la Península se desarrolla la cultura europea del HIERRO II-HALLSTATT (*Las Cogotas,* Avila), que da lugar, en el Levante y en el Sur, a la CULTURA IBÉRICA, con vida primero autónoma (rica floración de monedas autóctonas) y pleno florecimiento durante el siglo I bajo la dominación romana: *San Antonio de Calaceite* (Teruel), *Azaila* (Zaragoza), *La Bastida* (Valencia). En la Meseta se da contemporáneamente una rica civilización del HIERRO-POSTHALLSTÁTTICO, contra la que luchan los romanos (*Numancia, Termancia,* en Soria) y a la que se superpone la

500

300

0   *romanización*.

2. Colonizaciones mediterráneas

Fecha	Sucesos
1000?	Llegada de los fenicios: fundación de Gadir (Cádiz), Malaka (Málaga), Sexi (Almuñécar), Abdera (Adra)
700	Llegada de los griegos: Coleos de Samos
654	Fundación de Ebusus (Ibiza)
650?	Calpe (Gibraltar)
650	Mainaké
600	Hemereskopeion (Denia?)
550	Emporion (Ampurias)
535	Los griegos abandonan la Península Hispánica
509-480	Los cartagineses destruyen Tartessos
500	Viajes de Hannón e Himilcon
238	Amílcar Barca desembarca en Cádiz
228	Fundación de Cartago Nova (Cartagena)
226	Tratado del Ebro.
219	Sagunto. Aníbal atraviesa los Pirineos

3. Hispania romana

Fecha	Sucesos
a. de J. C.	
218	Los Escipiones desembarcan en Ampurias.
209	Caída de Cartagena
205	Caída de Cádiz
205-197	Primera fase de la conquista
197-154	Conquista de la Meseta (Catón, Graco)
197	División en Hispania Citerior e Hispania Ulterior
139	Muerte de Viriato
133	Numancia
123	Conquista de las Baleares
82	Sertorio en España
49-45	Guerra entre César y Pompeyo: batallas de Ilerda y Munda
27	División de Augusto
19	Sumisión de cántabros y astures
d. de J. C.	
	Predicación del Cristianismo
73	Concesión del derecho latino
212	Concesión de la ciudadanía romana (Caracalla)
293	División de Diocleciano
409	Primeras invasiones bárbaras

4. El reino visigodo

Reyes	Fecha de su reinado	Sucesos importantes
ATAÚLFO	410-415	Conquista de Tolosa (413) y de Barcelona (415). Matrimonio con Gala Placidia y ruptura con Honorio.
SIGERICO	415	
VALIA	415-419	Tratados con Honorio y Constancio (416 y 418).
TEODOREDO	419-451	Independencia visigoda (425). Los vándalos pasan el estrecho de Gibraltar (429). Batalla de Tolosa (439). Batalla de los Campos Mauriacos (451).
TURISMUNDO	451-453	Política expansiva.
TEODORICO	453-466	Renovación del pacto federal (453). Campaña contra los suevos (456).
EURICO	466-484	Expansión por España y Francia. Código.
ALARICO II	484-507	Breviario de Aniano (506). Batalla de Vouglé (507).
GESALEICO	507-511	Pérdida de Narbona.
TEODORICO	511-526	Regencia por medio de gobernadores ostrogodos.
AMALARICO	526-531	Pérdida de la Provenza (526).
TEUDIS	531-548	Expedición contra Ceuta (542).
TEUDISELO	548-549	
AGILA	549-554	Guerra civil. Los bizantinos en la Península.
ATANAGILDO	554-568	Luchas contra los bizantinos. Disensiones con los francos.
LIUVA I	568-573	
LEOVIGILDO	573-586	Unificación territorial y fin del reino suevo. Se fija la capital en Toledo. Guerra civil (Hermenegildo).
RECAREDO I	586-601	Conversión al Catolicismo (587).
LIUVA II	601-603	
VITERICO	603-610	
GUNDEMARO	610-612	Expediciones contra vascones y bizantinos.
SISEBUTO	612-621	Apogeo de la cultura.
RECAREDO II	621	
SUINTILA	621-631	Sumisión total de los vascones. Expulsión de los bizantinos.
SISENANDO	631-636	
CHINTILA	636-639	
TULGA	639-642	
CHINDASVINTO	642-653	Promulgación del *Liber judiciorum* (650).
RECESVINTO	653-672	Rebeldía de la nobleza y el clero.
WAMBA	672-680	Sublevación del conde Paulo (673).
ERVIGIO	680-687	
EGICA	687-702	Castigo de los judíos descontentos (694).
VITIZA	702-710	Política de atracción. Traición de Urbano (Julián).
RODRIGO	710-711	Batalla del Guadalete (711). Fin del reino visigodo español.

5. Los primeros tiempos de la Reconquista (siglos VIII y IX)

ASTURIAS		NAVARRA		EMIRATO DE CÓRDOBA		BARCELONA	
Siglo VIII							
Pelayo	718 - 737						
Favila	737 - 739						
Alfonso I	739 - 757				Bera	801 - 820	
Fruela I	757 - 768			Abderrahmán I	756 - 788	Rampón	820 - 826
Aurelio	768 - 774					Bernardo	826 - 832
Silo	774 - 783					Berenguer	832 - 835
Mauregato	783 - 789					Bernardo (de nuevo) 835 - 844	
Bermudo I	789 - 792			Hixem I	788 - 796	Sunifredo	844 - 848
						Guillermo	848 - 850
Siglo IX						Alerán	850 - 852
Alfonso II	792 - 842			Alhakem I	796 - 822	Odalrico	852 - 858
Ramiro I	842 - 850	Íñigo Arista	820 - 851	Abderrahmán II	822 - 852	Humfrido	858 - 865
Ordoño I	850 - 866	García Iñíguez	851 - 870	Mohamed I	852 - 886	Bernardo	865 - 878
Alfonso III	866 - 910	Fortún Garcés	870 - 905	Almóndir	886 - 888	Guifredo I	878 - 897
				Abdallah	888 - 912	Guifredo II Borrell 897 - 911	

6. El Califato de Córdoba (siglo X)

CALIFAS	LEÓN		CASTILLA	NAVARRA	BARCELONA	
	García I	910-914	Gonzalo Núñez 889-920		Suñer	897-947
	Ordoño II	914-924				
	Fruela II	924-925		Sancho Garcés I 905-926		
	Alfonso IV	925-931				
Abderrahmán III 912-961	Ramiro II	931-950				
	Ordoño III	950-956	Fernán González 920-970	García Sánchez I 926-970		
	Sancho I	956-958				
	Ordoño IV	958-960				
Alhakem II 961-976	Sancho I	960-965				
Hixem II 976-1009	Ramiro III	965-984				
Mohamed II 1009	Bermudo II	984-999	Garci Fernández 970-995	Sancho Garcés II 970-994	Borrell II	947-992
Suleimán 1009-1010	Alfonso V	999-1028	Sancho García 995-1017	García Sánchez II 994-1000	Ramón Borrell 992-1018	
Reinos de Taifas 1031	Bermudo III	1028-1037	García Sánchez 1017-1029	Sancho el Mayor 1000-1035	**Berenguer Ramón I 1018-1035**	

7. Los reinos cristianos en el siglo XI

CASTILLA Y LEON	NAVARRA	ARAGÓN	BARCELONA
Fernando I (1032-1065)	García Sánchez III (1035-1054) Sancho Garcés IV (1054-1076)	Ramiro I (1035-1063)	Ramón Berenguer I (1035-1076)
Sancho II (1065-1072)		Sancho I (1063-1094)	Ramón Berenguer II (1076-1082) Berenguer Ramón II (1076-1096)
Alfonso VI (1072-1109)		Pedro I (1094-1104)	Ramón Berenguer III (1096-1131)

8. La unión de Cataluña y Aragón (siglo XII)

Reyes de Aragón   *Condes de Barcelona*

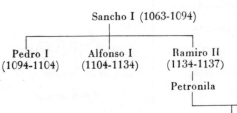

Ramón Berenguer III (1096-1131)

Sancho I (1063-1094)   Ramón Berenguer IV (1131-1162)

Pedro I (1094-1104)   Alfonso I (1104-1134)   Ramiro II (1134-1137)

Petronila

Alfonso II de Aragón y Barcelona (1162-1196)

9. Las grandes conquistas cristianas (siglos XII y XIII)

LEON	CASTILLA	NAVARRA	ARAGÓN
Urraca (1109-1126)			
Casa de Borgoña			
Alfonso VII (1126-1157)		García V (1134-1150)	
Fernando II (1157-1188)	Sancho III (1157-1158)	Sancho VI (1150-1194)	Alfonso II (1162-1196)
	Alfonso VIII (1158-1214)	Sancho VII (1194-1234)	Pedro II (1196-1213)
Alfonso IX (1188-1230)	Enrique I (1214-1217)	**Casa de Champaña**	
Fernando III (1217-1252)		Teobaldo I (1234-1253)	Jaime I (1213-1276)
Alfonso X (1252-1284)		Teobaldo II (1253-1270)	Pedro III (1276-1285)
Sancho IV (1284-1295)		Enrique I (1270-1274)	Alfonso III (1285-1291)
Fernando IV (1295-1312)		Juana I (1274-1304)	Jaime II (1291-1327)
		Reyes de Francia (1304-1329)	

10. La Baja Edad Media (siglos XIV y XV)

CASTILLA	ARAGÓN	NAVARRA
Siglo XIV		
Alfonso XI (1312-1350)	Alfonso IV (1327-1336)	Juana II (1329-1349)
		Casa de Evreux
Pedro I (1350-1369)	Pedro IV (1336-1387)	Felipe III (1329-1343)
Casa de Trastámara		Carlos II (1349-1387)
Enrique II (1369-1379)		
Juan I (1379-1390)	Juan I (1387-1396)	
Enrique III (1390-1406)	Martín I (1396-1410)	Carlos III (1387-1425)
Siglo XV		
	Interregno (1410-1412)	
	Casa de Trastámara	
Juan II (1406-1454)	Fernando I (1412-1416)	Blanca (1425-1441)
Enrique IV (1454-1474)	Alfonso V (1416-1458)	Juan I (II de Aragón) (1425-1479)
	Juan II (1458-1479)	**Casa de Foix**
		Eleonora (1479)
Isabel I y Fernando V (1474-1504) (1479-1516)		Francisco Febo (1479-1483)
		Catalina (1483-1516)

11. Política matrimonial de los Reyes Católicos

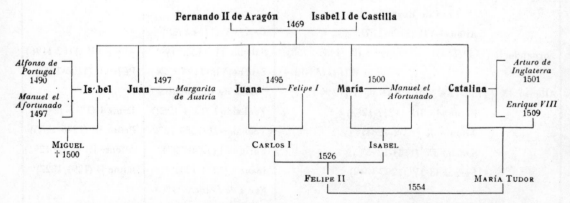

En negritas, los hijos; en cursiva, los esposos o esposas; en versalitas, los nietos. Las cifras indican fecha de matrimonio.

12. Los Austrias (siglos XVI y XVII)

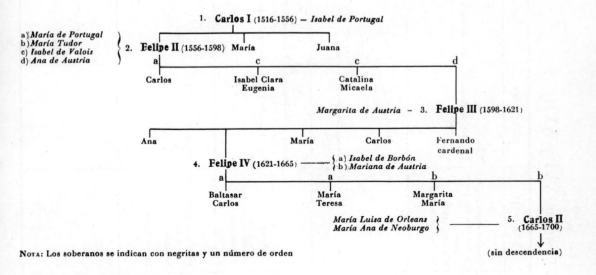

1. **Carlos I** (1516-1556) — *Isabel de Portugal*

a) *María de Portugal*
b) *María Tudor*
c) *Isabel de Valois*
d) *Ana de Austria*

2. **Felipe II** (1556-1598) María Juana

a   c   c   d

Carlos   Isabel Clara Eugenia   Catalina Micaela

Margarita de Austria – 3. **Felipe III** (1598-1621)

Ana   María   Carlos   Fernando cardenal

4. **Felipe IV** (1621-1665) ——— a) *Isabel de Borbón* b) *Mariana de Austria*

a   a   b   b

Baltasar Carlos   María Teresa   Margarita María

María Luisa de Orleans *María Ana de Neoburgo* ——— 5. **Carlos II** (1665-1700)

NOTA: Los soberanos se indican con negritas y un número de orden

(sin descendencia)

13. La Sucesión española

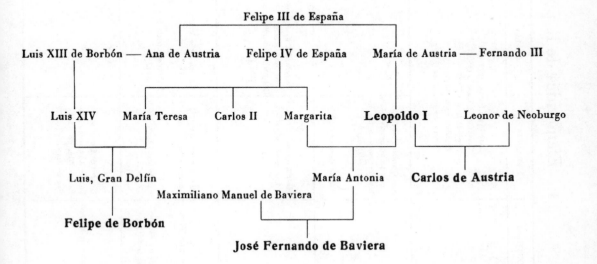

Felipe III de España

Luis XIII de Borbón —— Ana de Austria   Felipe IV de España   María de Austria —— Fernando III

Luis XIV   María Teresa   Carlos II   Margarita   **Leopoldo I**   Leonor de Neoburgo

Luis, Gran Delfín   María Antonia   **Carlos de Austria**

Maximiliano Manuel de Baviera

Felipe de Borbón   **José Fernando de Baviera**

NOTA: Los pretendientes a la corona se indican con negrita.

14. Efemérides de la política española (siglos XVI y XVII)

REYES	PORTUGAL	FRANCIA	ITALIA	PAÍSES BAJOS	ALEMANIA	INGLATERRA	TURCOS
Carlos I (1516-1556)		Batalla de Pavía (1525) Tratado de Madrid (1526) Saco de Roma (1527) Paz de Crepy (1544) Tregua de Vaucelles (1556)		Sublevación de Gante (1540)	Elección imperial (1519) Luchas con los protestantes Mühlberg (1547) Paz de Augsburgo (1555)	Tratados de Brujas y Windsor	Sitio de Viena (1532) Toma de Túnez (1535) Expedición a Argel (1541)
Felipe II (1556-1598)	Unidad peninsular (1581)	San Quintín (1557) Cateau-Cambresis (1559) Intervención en las luchas religiosas Paz de Vervins (1598)		Sublevación (1565); Duque de Alba; Juan de Austria; Farnesio Autonomía (1598)		Armada Invencible (1588)	Lepanto (1571) Pérdida de Túnez (1573)
Felipe III 1598-1621)		Matrimonios entre ambas casas reales	Guerra del marquesado de Monferrato Conjuración de Venecia (1617)	Tregua de Doce Años (1609)	Triunfo católico en el Palatinado (1621)	Ayuda a los irlandeses sublevados (1601) Paz con Jacobo I (1604)	Frecuentes combates Toma de Larache (1610)
Felipe IV (1621-1665)	Sublevación (1639) Batalla de Villaviciosa (1665)	Paz de Monzón (1626) Rocroi (1643) Paz de los Pirineos (1659)	Guerra de la Valtelina Sublevación de Nápoles (1647)	Breda (1624) Batalla naval de Las Dunas (1639) Independencia de Holanda (1648)	Intervención en la guerra de los Treinta Años Nördlingen (1634) Paz de Westfalia (1648)	Ataque a Cádiz (1625)	
Carlos II (1665-1700)	Independencia (1668)	Guerra de Devolución Paz de Aquisgrán (1668) Paz de Nimega (1677) Paz de Riswyck (1697)					Ataques a Orán y Ceuta Pérdida de Larache

15. Los Borbones (siglos XVIII, XIX y XX)

1. **Felipe V** (1700-1724; 1724-1746) – { a) *M.ª Luisa de Saboya* b) *Isabel de Farnesio* }

M.ª Ana Victoria — Felipe* duque de Parma — M.ª Teresa — Luis Antonio cardenal — María Antonia

Francisco Javier — Antonio Pascual — Gabriel — Felipe Pascual

3. **Fernando VI** – *Bárbara de Braganza* (1746-1759)

4. **Carlos III** (1759-1788) – *M.ª Josefa Amalia de Sajonia*

Fernando IV** de Nápoles

2. **Luis I** (1724) – *Luisa de Orleans*

María Josefa — María Luisa

5. **Carlos IV** (1788-1808) – *María Luisa de Parma*

Carlos (V) M.ª Isidro — María Isabel — Francisco de Paula

Carlos (VI) — Juan — Francisco de Asís

Carlos (VII) — Jaime (III) († 1931) — Alfonso Carlos († 1936)

Carlota Joaquina — María Amalia — María Luisa

a) *M.ª Antonia de Nápoles*
b) *Isabel de Braganza*
c) *M.ª Josefa Amalia de Sajonia*
d) *M.ª Cristina de Borbón*

6. **Fernando VII** (1808-1833)

Francisco de Asís de Borbón – 7. **Isabel II** (1833-1868)

M.ª Luisa Fernanda

Isabel — M.ª del Pilar — M.ª de la Paz — Eulalia

8. **Alfonso XII** (1875-1885) – { a) *M.ª de las Mercedes de Orleans* b) *M.ª Cristina de Habsburgo* }

9. **Alfonso XIII** (1886-1931) – *Victoria Eugenia de Battenberg*

M.ª de las Mercedes — M.ª Teresa

Alfonso († 1938) — Jaime (renuncia en 1933) — Beatriz — M.ª Cristina — Juan — Gonzalo († 1934)

Juan Carlos I

* De este príncipe desciende la rama de Borbón- Parma

** De este príncipe desciende la rama de Borbón-Dos Sicilias

16. España en los siglos XIX y XX

REINADOS	GOBIERNOS	TRADICIONALISMO	EFEMÉRIDES
Fernando VII (1808-1833)	Doceañistas Cea Bermúdez Calomarde		Cortes de Cádiz **Constitución de 1812** Sublevación de Riego (1820) Los Cien Mil Hijos de S. Luis (1823) Independencia de América
Isabel II (1833-1868) María Cristina (1833-1840) Espartero (1840-1843)	Martínez de la Rosa Toreno *Mendizábal* Istúriz *Espartero* Olózaga González Bravo *Narváez* Bravo Murillo *O'Donnell*	*Carlos (V)* (1788-1855) Primera guerra carlista: Zumalacá-rregui; Cabrera Luchana (1837) Convenio de Vergara (1839) *Carlos (VI)*, conde de Montemolín (1818-1861)	**Estatuto Real** (1834) Motín de la Granja (1836) Desamortización (1837) **Constitución de 1837** **Constitución de 1845** Vicalvarada (1854) Gobierno de la Unión Liberal Guerra de África (1860) Revolución de 1868
Amadeo I (1871-1873) Gobierno Provisional PRIMERA REPÚBLICA (1873-1874)	*Serrano* *Prim* *Figueras* *Pi y Margall* *Salmerón* *Castelar*		**Constitución de 1869** Cantonalismo Golpe de Estado de Pavía (1874)
Alfonso XII (1874-1885)	*Cánovas* *Sagasta*	Segunda guerra carlista	Restauración **Constitución de 1876**
Alfonso XIII (1886-1931) María Cristina (1885-1902)	Partidos de turno: *Cánovas-Sagasta* *Maura-Canalejas* *Primo de Rivera*	*Carlos (VII)*, duque de Madrid (1848-1909) *Jaime (III)* (1870-1931) Alfonso Carlos, duque de San Jaime (1849-1936)	Régimen parlamentario Pérdida de las colonias (1898) **Golpe de Estado de 1923** Dictadura (1923-1930) Elecciones del 12 de abril de 1931
SEGUNDA REPÚBLICA (1931-1939) *Francisco Franco* (1936-1975)	Alcalá Zamora Azaña		**Guerra civil (1936-1939)**
Juan Carlos I (1975-...)			

17. Casas reinantes en Portugal

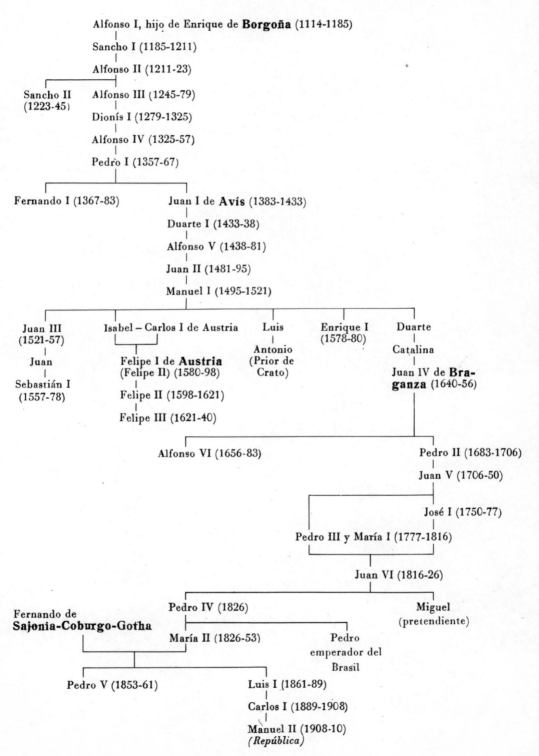

Alfonso I, hijo de Enrique de **Borgoña** (1114-1185)

Sancho I (1185-1211)

Alfonso II (1211-23)

Sancho II (1223-45) — Alfonso III (1245-79)

Dionís I (1279-1325)

Alfonso IV (1325-57)

Pedro I (1357-67)

Fernando I (1367-83) — Juan I de **Avís** (1383-1433)

Duarte I (1433-38)

Alfonso V (1438-81)

Juan II (1481-95)

Manuel I (1495-1521)

Juan III (1521-57)

Juan — Sebastián I (1557-78)

Isabel – Carlos I de Austria

Felipe I de **Austria** (Felipe II) (1580-98)

Felipe II (1598-1621)

Felipe III (1621-40)

Luis — Antonio (Prior de Crato)

Enrique I (1578-80)

Duarte — Catalina

Juan IV de **Bra-ganza** (1640-56)

Alfonso VI (1656-83) — Pedro II (1683-1706)

Juan V (1706-50)

José I (1750-77)

Pedro III y María I (1777-1816)

Juan VI (1816-26)

Pedro IV (1826) — Miguel (pretendiente)

Fernando de **Sajonia-Coburgo-Gotha**

María II (1826-53) — Pedro emperador del Brasil

Pedro V (1853-61) — Luis I (1861-89)

Carlos I (1889-1908)

Manuel II (1908-10)
(República)

Í N D I C E

Cuadros sinópticos de la Historia de España (Apéndice II)